धूप घड़ी

[*एक दिन बोलेंगे पेड़* (1989) तथा
मिट्टी का चेहरा (दूसरा सं. 1989) की सम्पूर्ण कविताएँ]

धूप घड़ी

राजेश जोशी

ISBN : 978-81-267-0406-4

मूल्य : ₹ 350

पहला संस्करण : 2002
पहली आवृत्ति : 2014

प्रकाशक : राजकमल प्रकाशन प्रा. लि.
1-बी, नेताजी सुभाष मार्ग, दरियागंज
नई दिल्ली-110 002

शाखाएँ : अशोक राजपथ, साइंस कॉलेज के सामने, पटना-800 006
पहली मंजिल, दरबारी बिल्डिंग, महात्मा गांधी मार्ग, इलाहाबाद-211 001
36 ए, शेक्सपियर सरणी, कोलकाता-700 017

वेबसाइट : www.rajkamalprakashan.com
ई-मेल : info@rajkamalprakashan.com

आवरण : हरचन्दन सिंह भट्टी

मुद्रक : बी.के. ऑफसेट
नवीन शाहदरा, दिल्ली-110 032

DHOOP GHARI
Complete poems from Ek Din Bolenge Perh and Mitti Ka Chehra
by Rajesh Joshi

कविता-क्रम

एक दिन बोलेंगे पेड़

उजली धूप में बरसात

किस्सा तोता-मैना

अभी दोपहर है

मिट्टी का चेहरा

भोपाल : शोकगीत 1984

एक दिन बोलेंगे पेड़

निरंजन वर्मा

शशांक

और उदय प्रकाश के लिए

उजली धूप में बरसात

गेंद

एक बच्चा
करीब सात-आठ के लगभग

अपनी छोटी-छोटी हथेलियों में
गोल-गोल घुमाता
एक बड़ी गेंद

इधर ही चला आ रहा है
और लो...
उसने गेंद को
हवा में उछाल दिया !

सूरज !
तुम्हारी उम्र
क्या रही होगी उस वक्त ?

माँ कहती है

हम हर रात
पैर धोकर सोते हैं
  करवट होकर।
  छाती पर हाथ बाँधकर
चित
हम कभी नहीं सोते।

सोने से पहले
माँ
टुइयाँ के तकिए के नीचे
  सरौता रख देती है
  बिला नागा।
माँ कहती है
डरावने सपने इससे
  डर जाते हैं।

दिन-भर
फिरकनी-सी खटती
माँ
हमारे सपनों के लिए
कितनी चिन्तित हैं !

चिड़िया

उजली धूप में
पानी बरस रहा है
'चिड़िया का ब्याह हो रहा होगा'
कहती है मुनिया।

कहती है मुनिया
चिड़िया का एक पंख
        धूप है
एक पंख
पानी।

चोंच में
जो दाना है
वह दाना
दाना-पानी भी है
और पेड़ भी।

जैसे
चिड़िया
चिड़िया भी है
और आकाश भी।

पेड़ क्या करता है

माँ कहती है
पेड़ रात में सोते हैं

तो पेड़
क्या करता है दिन-भर ?

हम्माल
हम्माली करता है
मजूर
मजूरी
अफसर
अफसरी करता है
बाबू
बाबूगिरी

और
रात गए थककर सोता है
और पेड़

पेड़ क्या करता है दिन-भर ?

लेबर कॉलोनी के बच्चे

ठंड की इस सुबह की तरह
साँवले और धुँधले-धुँधले हैं
उनके चेहरे
चेहरों के पीछे
उगता हुआ सूरज है
जिस्मों से फूटती
एक धूप है।

वे किसी सुर्खीली खबर की तरह
चुलबुले और चुटीले हैं
दैनिक अखबार की तरह
एकदम तरोताजा हैं
उनकी उमंग
उनकी आँखों के पास उगी भूख
अभी हरी और घास की तरह नर्म है।
फटे चीथड़ों में उनका बदन
किसी भीगी हुई चिड़िया की तरह
रह-रहकर
फुरफुराता है।

वे चुनौती के स्वर में
झुंड-के-झुंड

एक साथ
जोर से चिल्लाते हुए
हुल्लड़ मचाते हुए
मैदान-भर में
धूल के बगूले उड़ाते हुए
इधर से उधर तक
धींगा-मस्ती करते
        दौड़ते हैं।
पल में यहाँ
पल में वहाँ
फिर जाने कहाँ
लुक-छिप जाते हैं !

लेकिन
जैसे ही
सन्नाटा जमने को होता है
वे फिर
किसी मकान के पिछवाड़े से
या किसी संकरी-सी गली से
या मैदान के ही किसी कोने से
प्रकट होते हैं
        ठुनठुनाते हुए
        झुनझुनाते हुए
किसी खोई हुई चाबी के गुच्छे से

सम्भावनाओं के नए द्वार खोलते हुए...।

बिजली सुधारने वाले

अक्सर झड़ी के दिनों में
जब सन्नाट पड़ती है बौछाट
और अन्धड़ चलते हैं
आपस में गुत्थम-गुत्था हो जाते हैं
        कई तार
या
बिजली के खम्बे पर
कोई नंगा तार
पानी में भीगता
चिंगारियों में चटकता है।
एक फूल आग का
बड़े तार-सा
        झरता है
अचानक
उमड़ आई
अँधेरे की नदी में।

मोहल्ले के मोहल्ले
घुप्प अँधेरे में
डूब जाते हैं

वे आते हैं

बिजली सुधारने वाले।

पानी से तर-बतर टोप लगाए
पुरानी बरसातियों की दरारों
और कॉलर से रिसता पानी
अन्दर तक
भिगो चुका
होता है उन्हें।
भीगते भागते
वे आते हैं
अँधेरे की दीवार को
अपनी छोटी-सी टार्च से
छेदते हुए।

वे आते हैं
हाथों में
रबर के दस्ताने चढ़ाए
साइकल पर लटकाए
एल्युमीनियम की फोल्डिंग नसेनी
लकड़ी की लम्बी छड़
और एक पुराने झोले में
तार, पेंचकस, टेस्टर
और जाने क्या-क्या
भरे हुए।

वे आते हैं
खम्बे पर टिकाते हैं
अपनी नसेनी को लम्बा करते हुए
और चीनी मिट्टी के कानों को उमेठते

एक-एक करके खींचते हैं
देखते हैं
परखते हैं
फिर कस देते हैं किसी में
एक पतला-सा तार।

एक बार फिर
जग-मग हो जाती है
हर घर की आँख।

वे अपनी नसेनी उतारकर
        बढ़ जाते हैं
अगले मोहल्ले की तरफ
अगले अँधेरे की ओर

अपनी सूची में दर्ज
शिकायतों पर
        निशान लगाते हुए।

मुनीर मियाँ और मौसम

यह कैसा मौसम है
एक अदृश्य सिलेटी ठंडा हाथ
पेड़ से लगातार पत्तियाँ तोड़े चला जा रहा है।

उसके पास न तो बाँस है
न बाँस में बँधा हँसिया
जैसा बूढ़े मुनीर मियाँ लाते हैं।

आस-पास कहीं दूर तक
कोई खड़खड़िया साइकल भी टिकी नहीं दिखती
मुनीर मियाँ के पास है एक बाबा आदम के
जमाने की साइकल।
जिसके खड़खड़ाते केरियर पर दबाकर
ले जाते हैं पत्तियाँ।

क्या इसके पास भी बकरियाँ हैं
मुनीर मियाँ की तरह
ऐसी कितनी सारी बकरियाँ हैं इसके पास
ये तो सारा-का-सारा पेड़ ही नंगा किये दे रहा है।

मुनीर मियाँ तो ऐसा कभी नहीं करते
बस चारे-भर को तोड़ते हैं
रोजाना।

और उसमें भी दुख होता है उन्हें
पत्ती को तोड़ते हुए।

मैं खिड़की में खड़ा-खड़ा सोचता हूँ
मुनीर मियाँ का क्या होगा
क्या होगा कल
जब उनकी बकरियाँ मिमियाएँगी
चारे के लिए

सड़क का पेड़ है
सो किसी को रोका भी कैसे जाए
लेकिन खयाल से बाहर नहीं होते
मुनीर मियाँ

आखिर तो वे अपने आदमी हैं।

उसकी परछाईं

हजारों मील दूर
एक चिड़िया
पिंजरे के खिलाफ
हवा के लिए लड़ रही है
　　एक काली चिड़िया

उसकी परछाईं
उजली धूप है।

एक चिड़िया
सात समुन्दर पार
उजाले और आकाश
के लिए लड़ रही है
　　एक सफेद चिड़िया

उसकी परछाईं
दूधिया चाँदनी है।

एक चिड़िया
एकदम आस-पास
हमारे साथ-साथ
अपने गीत और अंडे की हिफ़ाज़त

के लिए लड़ रही है।
अपने दाने और तिनके
के लिए लड़ रही है।

लड़ रही है
बाज से
एक भूरी कत्थई चिड़िया
अपने रक्त की उजास में
उसकी परछाईं
एक उफनती नदी है।

देख चिड़िया

चिड़िया
ज्यादा इतरा मत
दिमाग मत चढ़ा आसमान पर
कि तू चाहे तो छुट्टी रह सकती है
हर वक्त।
कि तूने तो पंख पा लिये हैं
कि तू तो उड़ना सीख गई है।

देख चिड़िया
आजू-बाजू देख
ऊपर-नीचे देख
बाजार से आते
उस हाथ को देख
जो पिंजरा लाता है।
देख उस हाथ को गौर से
जो चावल के उजले दानों के नीचे
जाल बिछाता है।

देख चिड़िया
उस हाथ को देख
जो दिखते-दिखते अचानक
सलाखों में बदल जाता है।

इन सबसे निबटने को
काफी नहीं है
पंख होना
या सीख लेना उड़ना।

बारूद के रंग वाली चिड़िया
बारूद का सुभाव भी सीख
उड़ना-गाना
तो ठीक
लेकिन
ताव खाना भी सीख।

उन्होंने रंग उठाए

उन्होंने रंग उठाए
और आदमी को मार डाला
उन्होंने संगीत उठाया
और आदमी को मार डाला।
उन्होंने शब्द उठाए
और आदमी को मार डाला।

हत्या का
एकदम नया नुस्खा
तलाश किया उन्होंने
उन्होंने
आदमी के गुस्सैल चेहरे
और चाकू को
चमकदार
रंगीन दीवारों और रोशनियों के बीच
बेहद सूझ-बूझ
और सलीके से
सजा दिया
और लड़ाई को कुचल दिया

और आदमी को मार डाला।

चमत्कारिक चाकू

वे पानी तक गए
और उजली जोंकों से
अपने होंठ बदल लाए।

उन्होंने बिल्ली की आँखें निकालीं
और अपने दिमाग की दराज में
रख लीं।

कुछ दिनों बाद ही
उनके पास
एक
सोने की मूठ वाला चाँदी का चाकू था।

जिससे वे
अपने कमरे के
गलीचों, दीवारों, गैलरियों
और आँगन में नाप की धूप
काटकर ले गए।

फिर उसी आयतन की हवा
खिड़की गवाक्ष और दरवाजों के
माप की।

फिर
अपनी नन्ही-नन्ही हरी उँगलियों से
ज़मीन को बजाता
एक दूब का मैदान
एक टुकड़ा आकाश
कागज कपड़ा तरकारियाँ
फूलों से लदी क्यारियाँ
उस सोने के मूठ वाले
चाँदी के चाकू से काटकर
हर बढ़िया चीज ले गए
अपने-अपने घरों में।

कितना चमत्कारिक है
वह चाकू
हर सुविधा की चीज
काटकर लाई जा सकती है उससे।

काँच काटने को
लोहे के चाकू पर
हीरे की कनी होना जरूरी है
और
हीरा काटने के लिए
खटमल का खून चाहिए

और बन्धु
उस चमत्कारिक चाकू की काट के लिए भी...।

पहाड़ (एक)

युगों की उम्र वाले
पथरीले
और खुरदरे
पहाड़

हाथ में नुकीली चट्टानें लिए
जैसे दौड़ते आदिम शिकारी।
युगों की उम्र वाले बूढ़े
जो दिन में लाते हैं
हमारे लिए
फूल
शरीफे, करौंदे और मीठे जामुन

रात में
जंगली जानवरों-से चिल्लाते हैं
अँधेरे के पहाड़
आसमान में धँसते हुए।

रात में
जंगली जानवरों-से चिल्लाते हैं
आवाजों के पहाड़
दिशाओं में दौड़ते हुए।

दिन में
लोक-कथा के पात्रों-से
अद्भुत और सरल
नजर आते हैं
एकदम सरल।

लेकिन
पहाड़
किसी भी दिन
बन जाते हैं
इतिहास की सबसे बड़ी घटना
सबसे गौरवशाली पात्र।

पहाड़ (दो)

पहाड़ अपनी ऊँचाई में डूबे हुए
डूबे हुए आसमान में
स्वप्न
देखते हैं।
बादल आते हैं
और उनकी पलकों पर
नए-नए स्वप्न
चिपका जाते हैं।

किसी दिव्य पुरुष से नजर आते हैं वे
सूरज के साथ-साथ
जागते हुए।

किसी जादूगर-से
अपनी जेबों में भरे
हजारों कहानियाँ और करिश्मे
मुझे बुलाते थे पहाड़
जब मैं बहुत छोटा था।

कपड़े के जूते पहन
मैं दौड़ता हुआ चढ़ जाता था
उनके कन्धों पर।

हाँफता और अपनी जीत के बाद
जैसे ही दो पल सुस्ताने को रुकता
वे किसी जादुई साड़ी की तरह
एक में से दूसरे
निकलते हुए,
खुलते हुए
फैल जाते थे
एक नई चुनौती की तरह
मुझे पुकारते हुए।
अद्भुत और आश्चर्यजनक
विराट फन्तासियों-से
पहाड़।

लकड़हारे अक्सर रास्तों में मिलते थे
जो लाते थे पहाड़ों से लकड़ियाँ
और गाँव में बेचते थे।
लकड़हारे अक्सर
मुझे फूल और पके जामुन
तोड़कर देते थे
और मुस्कुराते थे।

लकड़हारों के मेरे हमउम्र लड़के
जिनके साथ होता था कोई
मरियल-सा कुत्ता हर वक्त
अक्सर कुत्ते को छकाने का खेल खेलते
और मुझे कहानियाँ सुनाते।

बहुत-सी कहानियाँ थीं उनके पास
पहाड़ों की

जंगली जानवरों की
और अग्नि के देवता की कहानियाँ।

पहाड़ों पर घूमते
लकड़हारे अक्सर मिल जाते थे
सिर पर लकड़ियों का गट्ठर लादे।

पहाड़ सरल थे
लकड़हारों की तरह
मैंने गुस्से में नहीं देखा कभी उन्हें
लेकिन लोग कहते हैं
निर्णायक होता है पहाड़ों का गुस्सा

और स्वप्न और फूलों के लिए
वे हत्यारों पर
चट्टानों से वार करते हैं।

पहाड़ (तीन)

स्वप्न अगर आसमान में थे
तो वे पहाड़ों के सबसे करीब थे
स्वप्न अगर मिट्टी में थे,
राख और कुचली हुई पत्तियों में
तो वे पहाड़ों के सबसे करीब थे।

स्वप्न अगर कहीं लुककर बैठ गए थे
तो हमें विश्वास था
वे पहाड़ों में कहीं छिपे होंगे।

हम स्वप्नों की खोज में गए थे
पहाड़ों की ओर
और हम जानते थे
पहाड़ दोगले नहीं हुए हैं
वे हमारी हिफ़ाज़त करते रहेंगे।

खुरदुरे और मिट्टी से सने वे पहाड़
हमारी ही तरह थे
युगों के आघातों से
टूटी हुई चट्टानें समेटे
जो अभी टूटे नहीं थे
        तने हुए थे
        दहाड़ते हुए।

समय लगातार
एक लपलपाते कोड़े-सा
गिर रहा था
हमारे शरीर पर
हमने हार नहीं मानी थी
हमारी लड़ाई और खोज
जारी थी।
हमें विश्वास था
एक-न-एक दिन
हम पंखों वाले उन नीले घोड़ों को
उतार लाएँगे

जो हर रात
हमारे बच्चों की नींद में
आते हैं और चले जाते हैं।

एक-न-एक दिन
खोल लाएँगे
उन चाँदी की घंटियों को
जो हमारे स्वप्नों के स्वर्ग में
झुन-झुनाती हैं।
हमें विश्वास था
और पहाड़ था हमारा विश्वास।

हमारी रोटी और नमक के लिए
जो हमें शहद और लकड़ी देता था।

एक आदिवासी लड़की की इच्छा

लड़की की इच्छा है
छोटी-सी इच्छा
हाट इमलिया जाने की।

सौदा-सूत कुछ नहीं लेना
तनिक-सी इच्छा है—काजर की
बिन्दिया की।

सौदा-सूत कुछ नहीं लेना
तनिक-सी इच्छा है—तोड़े की
बिछिया की।
लड़की की इच्छा है
छोटी-सी इच्छा
हाट इमलिया जाने की।

सौदा-सूत कुछ नहीं लेना
तनिक-सी इच्छा है—सुग्गे की
फुग्गे की।
फुग्गा उड़ने वाला हो
सुग्गा खूब बातूनी हो।

लड़की की इच्छा है
छोटी-सी।

(एक बुन्देलखंडी लोकगीत सुनकर)

हरी रोशनाई

(नरेन्द्र जैन के लिए)

दोस्त के पेन में
हरी रोशनाई थी
जिससे वह
प्रेम कविताएँ लिखता था।

दोस्त को
एक दूसरे दोस्त को
दिखाते हुए
मैंने कहा
पेड़

पेड़ हवाओं पर पत्ते लिख रहा है

पत्तों में
एक औरत
हरी ऊन का स्वेटर बुन रही थी !

पत्थर (एक)

हम पत्थर थे
और अहसानमन्द थे
उस आदमी के
जिसने सबसे पहले
हमें एक शक्ल दी
        एक चेहरा दिया।

हम पत्थर थे
और अहसानमन्द थे
उस मजदूर के
जिसने काटा, तराशा
बेडौल पहाड़ों से हमें
और स्थापित किया
        मकान में
        मीनार में।

हम पत्थर थे
और अहसानमन्द थे
उस औरत के
जिसने रखा हमें अपने घर में
एक आत्मीय वस्तु की तरह
और

अनाज की गन्ध दी।

हम पत्थर थे
और अहसानमन्द थे
उस आदिम मनुष्य के
पहले पहल
जिसने बताया हमें
कि हममें आग है।
लेकिन
हम पत्थर थे
और हमारे पास
कोई भाषा नहीं थी
जिसमें हम गा पाते आदमी के गीत
शामिल हो पाते
    उसकी
    बातचीत, बहसों और तकलीफ में।

लेकिन
जब-जब भी मौका आया लड़ाई का
हमने आगे बढ़कर वार किया
लड़ाई लड़ी
उसके हक की
उसके दुश्मनों के खिलाफ।

हम पत्थर थे
और अहसानफरामोश नहीं थे।

पत्थर (दो)

हम पत्थर थे
पहाड़ों से आए थे
कठोर खुरदुरे भोले और मूढ़।

हम एक घर में आए
एक औरत ने
हम पर
केसर घिसी

क्या हमारे पास अपना कोई रंग नहीं था ?

तो उस बच्चे ने
क्यों बीना था हमें
नदी के किनारे से
और क्यों ठूँस लिया था
अपनी साफ धुली कमीज की जेब में ?

हम पत्थर थे
पहाड़ों से आए थे
कठोर खुरदुरे भोले और मूढ़।

हमें एक आदमी ने उठाया
और नुकीला करके
हथियार बनाए

क्या हममें अपनी कोई उत्तेजना नहीं थी ?

फिर हम
कैसे गए थे उड़कर
इतनी दूर तक
और आग कहाँ से निकली थी ?
हम पत्थर थे
पहाड़ों से आए थे
कठोर खुरदुरे भोले और मूढ़

एक आदमी ने
हमें बल्लम से छेदा
और सुरंग लगाई

क्या हमारी अपनी कोई संवेदना नहीं थी ?

तो वह नदी
कहाँ से और कैसे
फूट निकली थी
जो बहती चली गई इतनी दूर तक
धरती को सींचती हुई।

हम पत्थर थे
पहाड़ों से आए थे।
अपने ही बारे में
हम अनभिज्ञ थे
सबसे ज्यादा

आदमी से परिचित होने के पहले।

बच्चा पाँव ले रहा है

बच्चा खड़ा हो रहा है
पलंग की पाटी पकड़कर
माँ की हथेलियाँ पकड़कर
बच्चा खड़ा हो रहा है।

अपनी तीन पहियों की
लकड़ी की गाड़ी को ठेलता
बच्चा पहला डग भर रहा है
डगमगाता
सँभलता
और जमाता
धीरे-धीरे
अपना छोटा-सा पैर

बच्चा पाँव ले रहा है।

पहाड़ पीछे सरक रहे हैं
नदियाँ पीछे सरक रही हैं
पेड़ पीछे सरक रहे हैं
चौड़ी हो रही है ज़मीन
मैदान चौड़ा रहे हैं
लम्बी हो रही हैं सड़कें

ऊँचा हो रहा है आकाश
बच्चा पाँव ले रहा है।

रथ की खरोंचों
तलवार के घावों
और बम के धब्बों पर
अपनी रुई के फाहों-सी
पगथलियाँ रखता

बच्चा पाँव ले रहा है

उधर सैनिकों को आदेश मिल गए हैं।
वे फिर से बन्दूक में गोलियाँ भर रहे हैं
कस रहे हैं अपने घोड़ों पर जीन
अपने शरीर पर पट्टे और पोशाकें।
वे एक बार फिर आएँगे
अँधेरे कोनों से अचानक
बच्चे को डराने-धमकाने
या छत से कूदेंगे
बच्चे को रोकते हुए।

हो सकता है
वे बच्चे को मारें
या एक बार फिर
बच्चे को मार डालें !

वे बच्चे के पाँव लेने से डरते हैं
वे बच्चे के पाँव के पीछे-पीछे खिलते
चम्पा के उन फूलों से डरते हैं

जिनकी सारी कलियाँ खिलती हैं
एक साथ
और चारों ओर दौड़ जाती है
उनकी गन्ध
एक साथ।

कोई शब्द
जैसे कहीं खिलता है
और दसों दिशाओं में
गूँज जाता है
एक साथ।

वे गन्ध से डरते हैं
वे शब्द से डरते हैं
वे डरते हैं
बच्चे के पाँव लेने से।

बच्चे के पाँव के पीछे-पीछे आती
जंजीरों के टूटने और दरवाजों के
खुलने की आवाज से
वे डरते हैं।

वे बच्चे के पाँव लेने से डरते हैं।

कहीं बहुत अन्दर उनकी नींद में
हिलता है बच्चे का पैर
चलता हुआ
वे हड़बड़ाकर जाग पड़ते हैं
पसीने से लथपथ।

कितने ही विक्षिप्त हो जाते हैं उनमें से।
कितने ही कर लेते हैं आत्महत्या
या पीने लगते हैं बेहद शराब
और पथराते जाते हैं
धीरे-धीरे।

वे डरते हैं बच्चे के पाँव लेने से।

चारों ओर से उतर रहे
खतरों के बीचोबीच
खिलखिलाता हुआ
बच्चा पाँव ले रहा है

बच्चा पाँव ले रहा है।

पेड़ की तरह

पेड़ की तरह सोचता हूँ
पेड़-भर
ऊँचा उठकर।

पेड़-भर सोचता हूँ
पेड़-भर
चौड़ा होकर।

इसी से
जंगल नाराज है।

प्याज

टिफिन कैरियर में
प्याज रखना
कभी नहीं भूलतीं
हमारे घरों की औरतें

जानती हैं
हमारे घरों की औरतें
धड़धड़ाती मशीन के पास
पछाड़ खाकर गिरे आदमी के लिए
प्याज
सबसे सस्ती
और मुफीद दवा है।

खेतों पर रोटी भेजते
पुटरिया में प्याज बाँधना
कभी नहीं भूलतीं
हमारे घरों की औरतें

सब्जी लाएँ न लाएँ
बाजार से प्याज खरीदना
कभी नहीं भूलतीं
हमारे घरों की औरतें।

चिलचिलाती गर्मी के दिनों में
बच्चों की जेब में
रख देती हैं
        प्याज
हमारे घरों की औरतें।

जानती हैं हमारे घरों की औरतें
बच्चे बाहर जाएँगे ही
सड़कों पर
मैदान में।

हमारे घरों की औरतें जानती हैं
प्याज
एक तैयार घूँसा है
जिससे
'लू' डरती है।

प्याज एक संरचना है

एक संरचना है प्याज।
सैकड़ों पत्तियाँ
एक-दूसरे में गुँथी हुईं
एक संघटित घटना
एक हलचल
ज़मीन में फैलती हुई।

एक संरचना है प्याज
जैसे अलाव के इर्द-गिर्द हमारे लोग
जैसे दुपहर की छुट्टी में रोटी खाते
खेतिहर मजूरों के टोले
एक-दूसरे से बाँटते हुए
रोटी नमक और तकलीफ

एक संरचना है प्याज
गुस्से और निश्चय में कसी हुई मुट्ठी
एक गुँथी-बुनी
संगठित संरचना है
    प्याज।

अपनी जड़ें
और बीज

अपने पेट में साथ लेकर
पैदा होते हैं
प्याज।

कहीं भी रोप दो
उग आएँगे
और फैलेंगे
झुंड-के-झुंड
इकट्ठे जनमते हैं वे
ज़मीन के भीतर,
नन्हे-नन्हे सफेद फूल
और नाजुक हरी पत्तियाँ
हवा में हिलाते हुए।

पलक झपकते
एक से दो
और दो से दस होते हुए
एक सघन समूह हो जाते हैं
प्याज।

एक संरचना है प्याज
ज़मीन के भीतर-भीतर
एक मोर्चाबन्द कार्यवाही।
कत्थई देह में रस भरी आत्मा
और मिट्टी की गन्ध लिये

जो
अचानक
फूट पड़ेगी

एक दिन
और फैल जाएगी
सारे बाजार पर।

एक संरचना है प्याज।

बच्चा, घोड़ा और हवा

यह तो आप जानते ही होंगे
कि घोड़ा
खड़े-खड़े सो लेता है।

तो घोड़ा खड़ा-खड़ा सो रहा है।
हवा खड़े-खड़े सो रही है।
हवा की खिड़की
हवा का दरवाजा
हवा का चौकोर कमरा
हवा का आयताकार आँगन
हवा के आयतन और आकार की हवा

हवा खड़े-खड़े सो रही है
हवा में एक औरत
औरत में बच्चा।

बच्चे से कहो
जल्दी जगे।
और
घोड़े को सोने दो
सो लेने दो
उसे अगला सफर करना है।

और हवा को !
हवा को फिलहाल
कुछ मत कहो।

जब बच्चा और घोड़ा
दोनों जागेंगे
हवा
खुद-ब-खुद
जग जाएगी।

सलीम और मैं और उनसठ का साल (एक)

हम दोस्त थे पक्के
यार-दोस्तों में बैलों की जोड़ी कहा जाता था हमें।
साथ-साथ हम स्कूल जाते थे, साथ-साथ आते थे।
सलीम मेरे घर से एक सड़क पार
        'शेखबत्ती की गली' में रहता था।

वह रात में अक्सर मेरे साथ पढ़ने के लिए आता था
उसकी गणित अच्छी थी और मैं
उसे हिन्दी के कठिन शब्दों का अर्थ
        बतलाता था।
उमर में वह बड़ा था करीब तीन साल, पढ़ाई उसने देर से शुरू की थी
उसके लिए कलमा पढ़ना जरूरी था और वह काफी दिनों तक
एक मौलवी से क़ुरान पढ़ने जाता था
मदरसे में उसने दाखिला लिया था
        करीब सात-आठ साल की उम्र में।

तकरीबन नियमित था उसका आना-जाना हमारे घर में
हमारे घर की चाय में उसके तश्तरी-प्याले अलग थे
और पानी के लिए
        एक काँच का गिलास भी।

□

यह उनसठ की धुलैड़ी के आस-पास की बात है

मैं भूला नहीं हूँ, वह मार्च के पहले सप्ताह का शुक्रवार था
एक अपरिचित लेकिन डरावनी दुर्गन्ध अचानक फैल गई थी
        हवाओं में।
—यह कैसी बास आ रही है ?
        मैंने पूछा था तुमसे।
—हवाओं में कबूतर मर रहे हैं।
        यह तुमने कहा था सलीम।

अभी 'टोल वाली मस्जिद' के पास पहुँचे ही थे हम
कि शुरू हो गई थी
        पत्थरों की बरसात।
चारों ओर की गलियों से निकले थे चाकू और डंडे
दौड़ते हुए चौराहे की ओर।
कितनी सारी भीड़
अचानक पैदा हो गई थी वहाँ
जैसे सड़कें फाड़कर निकल आए हों लोग
एकाएक जैसे फिर से जीवित हो उठी हों दफन सदियाँ
        हवा में रोपती हुई चीखें और विलाप

भागे थे हम बेतहाशा
लुटती दूकानों, फूटती बोतलों, बरसते पत्थरों
        और तेजाब के छींटों से बचते हुए,
लाँघते हुए खून के रेलों और चीखों को चीरते हुए
घास की गाँजियों से उठती लपटों के बाजू वाली
        सँकरी-सी गली से निकलते हुए
बेसुध भागे थे अपन।
अपन आठवीं जमात में पढ़ते थे
        उनसठ के साल में।

भागते हुए उस डर में कितने साथ-साथ थे अपन
अपने-अपने घरों की ओर मुड़ने तक।

□

शहर ने पहन लिया था रबर का चेहरा
और सड़कों को साँप सूँघ गया था
सारी दूर मँडराती रहती थी
पुलिस की गाड़ियों की आवाज
और अपने आपमें सिमटकर बैठ गए थे सारे मकान
मानो वे मकबरे हों।

पंख कटी हवाएँ आती थीं और बाँट जाती थीं
कुछ नई-नई खबरें।

घड़ियों की दूकान लुट गई
खिलौनों की दूकान लुट गई
कि सब्जीमंडी
कि फूल बाजार लुट गया।

कि लुटते-लुटते बचा लिया गया सर्राफा

वहाँ 'इतने' कत्ल हुए
वहाँ 'इतनी' अस्मतें लुटीं
कि उस मोहल्ले के सारे मकान जला दिए गए
कि राख हो गया 'अलवी प्रेस'

बच्चे मार डाले गए
फूल मार डाले गए
शब्द मार डाले गए

कि सर्राफा बच गया।

'छगनलाल सेठ' के मकान पर खरोंच भी नहीं आई
'फखरू भाई' का पेट्रोल पम्प नहीं जला
कि 'मोचीपुरे' की पूरी पट्टी साफ हो गई।

हम एक दिन भी नहीं निकले घरों से।
आँसुओं और आँसू-गैस से भरी हवा में
        उस डरी-डरी हवा में
क्या हमने एक-दूसरे के बारे में सोचा था ?
□
तीन लम्बे और क्रूर सप्ताह गुजर गए हमारे दिलों में
        अँधेरे के पेड़ और मरी हुई चिड़ियाँ छोड़कर
हमारी आत्मा में अपने गन्दे नाखून और टूटे हुए दाँत छोड़कर,
अपने दुर्गन्ध मारते जूते और कपड़े उतारकर,
        तीन क्रूर सप्ताह गुजर गए।

तीन सप्ताह बाद अक्षरों ने फिर से खोलीं अपनी आँखें भयभीत
मदरसे के दरवाजे खुले, किताबें खुलीं
'हवामहल' की पुरानी इमारत में लगने वाला
'बिरजीसिया मिडिल स्कूल' खुला
जिसकी एक लम्बी दालान में थी आठवीं क्लास
                हमारी कक्षा।

लकड़ी की वह लम्बी बेंच
जैसे हमारी प्रतीक्षा में खड़ी थी चुपचाप।
बचपन से ही टाट-पट्टी पर साथ-साथ बैठते आए हम
        वहाँ भी साथ-साथ बैठते थे।
कोई खरोंच नहीं थी ज्यों-की-त्यों थी वह बेंच

जिससे तुम्हें चीड़ के पेड़ों की गन्ध आती थी और
जिसके बारे में बतियाते हुए हम
एक बूढ़े बढ़ई के किस्सों में खो जाते थे।

हम एक ही दरवाजे से आए थे अन्दर तकरीबन साथ-साथ
उसी बेंच पर बैठे थे लेकिन साथ-साथ नहीं
तुम एक छोर पर थे रशीद और इदरीस के साथ, और मैं था
दूसरे छोर पर फुलवानी के साथ।
इस तरह शुरू हुआ था एक नया दिन
इस तरह शुरू हुए थे नए दिन।

कहाँ थी वह चीड़ के पेड़ों की गन्ध
कहाँ था वह बूढ़े बढ़ई का किस्सा
हमारी आँखों में वह क्या था—सलीम
हमारे चेहरों पर वह क्या था—सलीम
वह सन की सुतलियों-सा बटा हुआ
वह डर जैसा
घृणा जैसा
वह क्या था ?

क्या वह एक मरा हुआ कबूतर था
या अँधेरा चेहरा था हमारे घरों का
या सर्राफा बाजार था
जो चारों ओर लगी आग में भी बचा लिया गया
वह क्या था
दरवाजे जहाँ बन्द हो गए थे

क्या केवल तीन सप्ताह में बदल गए थे हमारे चेहरे
आईना तो कुछ भी नहीं बताता

उस लाल पीठ वाले जानवर की पारे-सी आँखों में
नजर नहीं आता कुछ भी
वह हमारे चेहरों के सामने आते ही
मर जाता है।

सलीम और मैं और उनसठ का साल (दो)

सूरत-शकल से डरावना नहीं था वह
आँखें हरी नहीं थीं, न ही वह रीछ की खाल ओढ़कर
आया था।

अँधेरे का चेहरा लगाए
लोहे के जूते पहने, चमड़े के दस्ताने चढ़ाए
कोड़ा लपलपाता हुआ
किसी डरावने स्वप्न की तरह
ऐसा कुछ भी नहीं था।

मेरा डर मेरे ही कपड़े पहने था
मेरी खाल के जूतों में, वह मेरी ही तरह हँसता-बोलता था
मेरे अन्दर।

मेरे अन्दर
वह अँधेरे की तरह था
अँधेरे के एक पेड़ की तरह !

□

अँधेर का एक पेड़ था काला शाँ
बचपन में मुझे सिखाया गया
यही तुम्हारा 'टोटम' है
मैंने मान लिया, खुशी-खुशी आँखें

उसे सौंप दीं।

कुछ दिनों बाद
मेरी आँखों में बोए गए अफीम के बीज
कुछ दिनों बाद वे अँकुराए
कुछ दिनों बाद निकलीं पत्तियाँ
कुछ दिनों बाद उनमें फूल आए
फल आए, डोडे पके।
माँ ने कहा वे ईश्वर की उँगलियाँ हैं
पिता ने कहा वह ईश्वर की मुस्कुराहट है
बिरादरी वालों ने कहा वह ईश्वर की गन्ध है
उसमें एक अदृश्य ईश्वर वास करता है।

जिसने जैसा-जैसा कहा
मैंने वैसा-वैसा मान लिया
और मैं भी रम गया उसकी खुशबू में
उसके फूलों में, फलों में और
उसके अँधेरे में।

अँधेरे के तलवों के नीचे सैकड़ों खेत थे और वह
उसका मालिक था
तिजोरियों के दरवाजे उसकी आँत में खुलते थे
और वह अपने दाँत और नाखून
अपनी जेब में छिपाकर रखता था,
आकर्षक और बेहद आश्चर्यजनक किस्सों का
पिटारा था उसके पास
अनगिनत अचम्भों से भरी दुनिया थी उसकी।

किसी के पास वह सिर्फ रेज़गारी था

किसी के पास पगार की तरह था
किसी के पास धन्धा था, ब्याज था
वह एक मकान की तरह था
एक ज़मीन की तरह

ज़मीन से जात होते हुए, धर्म होते हुए, धर्म से...

धर्म से उनसठ का साल हो गया !

उनसठ के साल मैंने देखा उसे एक चाकू की तरह
जहर बुझे नीले चाकू की तरह वह तना हुआ था
शहर की हवा में बीचोबीच
देखते-देखते
शहर को काट डाला उसने दो हिस्सों में तरबूज की तरह।

दोनों ही हिस्से गीले और लाल
एकदम एक-से, काले बीज दोनों तरफ थे
वे दोनों पानी के जाए
पानी-से भोले और मूर्ख
पानी-से हठी
पानी-से गुस्सैल
पानी-से ही अन्धे लड़ाके थे।

किसी ने नहीं देखी उसकी असली शक्ल
उसकी नीली जहर भरी आँत
उसकी पीठ पर का रीछ-भर अँधेरा
उसकी असली आवाज नहीं सुनी किसी ने गौर से।

अँधेरे के पेड़ का

अफीम के फूल का
गिलट के सिक्कों का
महाजनी कारोबार का वह जादू
        चल गया
        चल गया
दीठ बाँध सबकी दिखा गया अपना करतब
        वह चाकू

□

वह चाकू
खतरनाक नीला
        अन्धा बना डालने वाले साँप-सा
चमकता था आधी रात गए नींद में
और चमकते-चमकते बदल जाता था
        सलीम की शक्ल में
सलीम ने कहा था
रात गए उसकी नींद में चमकता है
        एक चाकू
क्या वह मेरी शक्ल में बदल जाता था ?
क्या वह मेरी तरह नजर आता था ?

जरूर ही बदल जाता होगा
लेकिन सलीम ने नहीं बताया, वह छुपा गया यह बात
मैं भी छुपा गया था यह बात
        सलीम से।

हम दोनों ने छुपाया था अपना डर अपनी घृणा
अपने-अपने अँधेरे के पेड़
        एक-दूसरे से
लेकिन दंगाग्रस्त शहर की कटी-पिटी हवाओं

और जली-अधजली गलियों से निकलते हुए
हम दो लँगोटिए यार
शहर के दो विपरीत ध्रुवों की ओर चले गए
दो विपरीत अँधेरों की ओर।

निजी मुद्रा के मायालोक से उपजा अँधेरा
शहर की छाती पर लेटे हुए अपना जूता
बजाता रहा
विजयी योद्धा की तरह।

भयभीत सन्नाटे में
खिलखिलाता रहा।
एक चाकू।

किस्सा तोता-मैना

पत्थर की अँगूठियाँ

बँधाती हैं आस
देती हैं दिलासा
पत्थर की अँगूठियाँ,

लाभ होगा कारोबार में
फसाद निबटेंगे
ज़मीन-जायदाद के
सन्तान का सुख होगा
फँसी रकम लौटेगी
    मय ब्याज के
कहती हैं
पत्थर की अँगूठियाँ

मरीजो आओ
महाजनो आओ
आओ उलट-फेर में फँसे लोगो
ब्याज के गणित, पूँजी के दलदल
    में धँसे लोगो
'इसकी टोपी उसका सर'
करते-करते
थके लोगो आओ

राशि से रंग
रंग से मिलान करो
पत्थर का।

यह मरगजी पन्ना है
यह दूधिया अकीक
यह संग-ए-मरियम है
बवासीर के लिए मुफीद
गुर्दे के लिए
देखो यह फितून
यह फीरोजी
यह नीलम
यह पुखराज।

यह मंगल की शान्ति है
यह शनी का तोड़ है
इसे ताँबे में पहनो
इसे चाँदी में
इसे अष्ठधातु में
उसे सोने में।

सुलट जाएँगे सारे झंझट
पलक झपकते दूर होंगी
सारी बाधाएँ
कहती हैं
पत्थर की अँगूठियाँ।

'न धन्धा न पानी
न जमीन न जायदाद

उसे क्या देंगी
ये पत्थर की अँगूठियाँ ?'

एक आदमी
पहने फटी कमीज, नंगे पाँव
मुस्कुराता गुजर जाता है
                चुपचाप
सुनी-अनसुनी करता
        उनकी बात।

घूरती हैं पत्थर की अँगूठियाँ
बिसूरती हैं पत्थर की अँगूठियाँ
खुद को ही देती हैं दिलासा
'रईसों के ही गूदे की बात है
पहनें

पत्थर की अँगूठियाँ।'

पत्ता तुलसी का

हाथ में कटोरी
कटोरी में जल
जल में पत्ता तुलसी का।

तुलसी के पत्ते में क्या है
धर्म है पत्ते में तुलसी के।

और धर्म में
धर्म में क्या है
सीली लकड़ियाँ हैं धर्म में
धुआँती हैं जिसमें आँखें   बिन्दा की।

धुएँ में
धुएँ में क्या है
अँधेरा है धुएँ में
रोती हैं जिसमें आँखें   बिन्दा की।

अँधेरे में
अँधेरे में क्या है
महाजन है अँधेरे में
मालिक है खेत का
गिरती है जिसके लिए   बिन्दा

रोज रात
अपने अपमान में

बाहर खड़ी रहती है तुलसी
तुलसी के पत्ते में क्या है

बिन्दा कैसी कमजोर हो गई हो तुम
बिन्दा दो कोस क्यों जाती हो पानी को
क्या कुआँ नहीं है तुम्हारे धर्म में
या नहीं है उस कुएँ में पानी

बिन्दा कैसी पीली पीली पड़ गई हो तुम
बिन्दा मुँह अँधेरे उठकर क्यों जाती हो
नदी पर फिरने
क्या एक पखाना नहीं है तुम्हारे धर्म में

बिन्दा कैसी हड्डियाँ उभर आई हैं तुम्हारी
बिन्दा दूर-दूर जंगल तक क्यों जाती हो
गोबर बीनने
क्या गैयें बछियें नहीं हैं तुम्हारे धर्म के पास
या धर्म की गायें गोबर नहीं करतीं

अगर नहीं है यह कुछ भी
तो क्या है इस कटोरी में
कटोरी के जल में
जल में तैरते
तुलसी के पत्ते में ?

किस्सा तोता-मैना

।। सुबह ।।

तोते ने कहा :
उठ हरिया
दाँत घिस
कुल्ला कर
और चा पी ले

मैना ने कहा :
नहा-धो
कपड़े पहन
टिफिन में रख
रोटी और अथाना।

तोते ने कहा :
साइकल निकाल
कपड़ा मार
टिफिन लटका
चट-पट
मजूरी पे चल

वक्त हो गया कमबख्त
दोनों ने डाँटा

।। शाम ।।

लौट आया लौट आया हरिया
मैना ने लाड़ लड़ाया
लड़ा-झगड़ा तो नहीं किसी से ?
चल दिन-भर
हाड़ तोड़ा
पसीना बहाया
ले थोड़ी-सी चढ़ा
और सो जा।

सुनी-अनसुनी कर
किताब ले बैठ गया
        हरिया।

टुकुर-टुकुर तका तोते ने
टुकुर-टुकुर तका मैना ने।

तोते ने टोका :
रात में
मत पढ़ मत पढ़ मूरख
ढिबरी के प्रकाश में
आँख फूट जाएगी।

मैना ने लताड़ा :
मत पढ़ मत पढ़ करम जले
जादा बाँचेगा
तो किस्मत रूठ जाएगी।

तोता हरा है
मैना काली है
किसका पाला है तोता
मैना किसकी पाली है ?
कहा अन्त में किताब ने
उठ हरिया
पूछ इनसे
किसने भेजा है
सिखा-पढ़ा इनको ?

उड़ा इन्हें
और दे गाली
आखर चीन्ह
इसके भीतर ही
लुकी हुई है
तेरी कंगाली।

नौवीं मंजिल

सचिवालय की नौवीं मंजिल से देखो
नौवीं मंजिल से शहर
कितना सुन्दर दिखता है

सचिवालय की नौवीं मंजिल से देखो
नौवीं मंजिल से सब कहीं
सब कुछ
हरा-भरा दिखता है।

कला-दीर्घा की दीवार पर
अमूर्तन शैली में
जैसे कोई हरा लैंडस्केप।

नौवीं मंजिल
आह ! नौवीं मंजिल

नौवीं मंजिल के केबिन में
टहलता अफसर
सोचता है

कितना झूठ कितना गलत
सूखे और भूख का शोर

कितनी हरी-भरी है धरती
एक हरी-भरी
कविता की तरह

नहीं
न वह हरी ऐनक लगाए है
न सावन का अन्धा है
उसके अनुभव का
संसार ही
हरा-भरा है
और
वह

ज़मीन से
नौ मंजिल ऊपर खड़ा है।

चौरासी बँगले

'चौरासी बँगले' नाम की एक कॉलोनी है

शहर से थोड़ा हटके
आबादी से बाहर
खुली हरी पहाड़ी पर
एक कॉलोनी है
'चौरासी बँगले'

चौरासी बँगले हैं वहाँ
चौरासी बँगलों में चौरासी बगीचे
चौरासी बँगलों में रहते हैं चौरासी परिवार।

चौरासी हजार योनि पार करके आए हैं वे।
चौरासी कारें हैं
उन लोगों के पास।

कौन हैं वे चौरासी लोग
इतने अलग-थलग
क्यों रहते हैं
ये चौरासी लोग ?

बगुले से

उजले-उजले
धुले-पुँछे
हल्के-से मुस्कुराने वाले
सलाम के जवाब में
सिर्फ मुंडी हिलाने वाले
चौरासी लोग।

सारे शहर पर
उनका रौब-दाब चलता है
वे जिसकी चाहें
खाट खड़ी कर सकते हैं
        किसी भी वक्त।

वे लोगों से हिलते-मिलते नहीं
लेकिन लोग डरते हैं उनसे।

लोगों ने देखा है
लोग बताते हैं
उनके अगले कमरे की अल्मारी में
आगे ही सजी-धजी रखी है
एक किताब
'1984'
जिसकी आड़ से
सारे शहर पर थूकते हैं एक साथ
        वे चौरासी लोग।

चीजों की तरह चमकदार
वे चौरासी लोग।

वे जहाँ भी रहे

उनने जहाँ चाहा वहाँ रहे
वे जहाँ रहे
शान से रहे।

मसलन
कविता में रहे
कहानी में रहे
सम्पूर्ण साहित्य में रहे
प्रसाद प्राप्त पंडे की तरह
पसरे रहे
वे जहाँ भी रहे।

कुत्ता भी जब बैठता है
दुम से ज़मीन झटकारता है
जो जहाँ रहता है
उस स्थान को झाड़ता है
बुहारता है।

उनने साहित्य से
गन्दगी को झाड़ा-बुहारा
महारथियों को गुलाटीं खिलाईं
मर्मज्ञों को पछाड़ा।

कोमलांगता को तोड़ा
सूक्ष्मता मिटाई
विवेक को समाप्त किया
साहित्य को आबाद किया
बनाया अखाड़ा

और
एक दिन वे
उसके बजरंगबली भये।

वे जहाँ रहे
शान से रहे

तोता

मुझे हरी कमीज में देखकर
चीफ ने प्रशंसा से देखा।

पहले
मेरी तरफ
फिर
अपने तोते की तरफ।

चीफ के पिंजरे में एक तोता है
तोता रटा पढ़ा है।

चीफ जैसा बोलता है
तोता दोहराता है।
चीफ की बीवी जैसा बोलती है
तोता दोहराता है।
चीफ के बच्चे जैसा चिंचियाते हैं
तोता दोहराता है।

तोता
चीफ से लगाता-बुझाता है।

तोता तोता है

और खूब हरा है
जैसे कोई हरा-भरा पेड़
खाता-पीता पेड़

या
आदमी

जेब में एक हरा नोट लिए।

रमज़ान मियाँ बतर्ज़ भोपाल

रमज़ान मियाँ
रमज़ान मियाँ
'भोत दिनों में दिखे रमज़ान मियाँ'
'इत्ते दिन काँ रिये रमज़ान मियाँ'
'किया दुश्मनों की तबिअत नासाज थी'
'किया कोई खास बात थी !'
'सब खेरिअत तो हे... ?'

'बाल बच्चे तो खेरिअत से हें न रमज़ान मियाँ'
'सब ठीक-ठाक तो चल रिया हे न रमज़ान मियाँ'
'को खाँ काँ हीट लिए थे'
'किया हज को गए थे रमज़ान मियाँ'
'काँ खप गिए थे रमज़ान मियाँ'

'अल्लाह का फज़ल है'
सबके जवाब में
हर बार यही कहते हैं
रमज़ान मियाँ

और
अपना ठेला सड़क के किनारे कर
इकट्ठी बोतलों में

कुप्पी लगा-लगाकर
नापते हैं
मिट्टी का तेल।

मुंडी हिला-हिला
सबको सलाम हिलाते हैं
        रमज़ान मियाँ
सवालों से
अगले सवालों की ओर
बढ़ जाते हैं रमज़ान मियाँ

हमारे मोहल्ले में अक्सर
जुमेरात को आते हैं
रमज़ान मियाँ।

(यह कविता भोपाल की बोलचाल की तर्ज़ में है)

जादू है कविता

जादू है
जादू है
जादू है कविता

जो है
जो जैसा है
तुरत-फुरत
पलक झपकते
सब कुछ की शक्ल
बदल डालने की ललक
जादू।

जादू
खाली टोकरी से
निकलता है
कबूतर
गुटर गुँऽऽ करता

भरता है
लम्बी-लम्बी
उड़ान।

अभी दोपहर है

नींद

तकिए में
कपास का एक पेड़

कपास के फूल पर
चिड़िया नहीं आती

नींद
किस चिड़िया का नाम है !

रात-भर

चाँद ने जाने क्या कहा झरने से
कि झरना हँसा रात-भर
रात-भर सारी घाटी में गूँजी
उसकी हँसी।

चाँद ने क्या कहा तारों से
कि तारे रोये रात-भर
रात-भर पता नहीं चला मुझे
पता चला सुबह।

चाँद ने क्या कहा सपनों में रात-भर
सपनों ने क्या कहा रात-भर बच्चों से

इतनी आसान नहीं बात
कि खुल जाए रात में ही
इतनी सहज नहीं बात
कि सुबह होते ही झर पड़े
नीम के फूलों-सी।

कई दिनों के खाली उनके
पेटों में छुपी रहेगी बात
कई दिनों तक नहीं कहेंगे

बच्चे इससे-उससे
कई दिनों तक ढँकी रहेगी बात।

फिर एक दिन बच्चे जाएँगे
मिट्टी में ढाँप-ढूँपकर
कहीं रख आएँगे वह बात।

फिर एक दिन बोलेंगे पेड़
खोलेंगे भेद
राजा का रात का
फिर एक दिन बोलेंगी चिड़ियाँ
खोलेंगी भेद
राजा का रात का।

'राजा के सर पर हैं कितने सींग'
हवाएँ बोलेंगी एक दिन
खोलेंगी भेद सब पर
सपनों ने क्या कहा बच्चों से रात-भर।

मारा जाएगा दुष्ट राजा एक दिन
फिर तारे कभी नहीं रोएँगे रात-भर।

चाबियाँ

दिन उगा
सहज जैसे दिन उगता है
हर दिन।
जाते हुए अँधेरे ने कहा
'यह देखो काला जादू'
और एक बेहद नीला रूमाल
खोलकर फैला दिया
ओर-छोर।
रूमाल के बीचोबीच
रोशनी के तागों से
एक फूल कढ़ा था।

'ये दिन तो काले जादूगर का है
कहाँ है हमारा अपना दिन ?'
मैंने पूछा।

पेड़ों ने कहा : हम चाबियाँ हैं
चीजों ने कहा : हम चाबियाँ हैं
चिड़ियों ने गाया : हम चाबियाँ हैं

सबने अपना-अपना अँधेरा खोला
और बाहर आ गए।

मैंने पूछा
'और कहाँ हैं हमारी चाबियाँ ?'

किताबों ने कहा : हमारे पास एक चाबी है
पर असल चाबी कहीं और है
हथियारों ने कहा : हमारे पास है एक चाबी
पर असल चाबी कहीं और है

कहाँ है असली चाबी ?

'हम हैं असली चाबियाँ'
रक्त के अन्दर से आई जैसे आवाज
टोह ली मैंने आवाज की
तभी गूँजी फिर से वही आवाज

'हम हैं तुम्हारी असली चाबियाँ'

देखा मैंने
वे हमारे हाथ थे
सैकड़ों हाथ एक-दूसरे में गुँथे
चाबियों की तरह
खनखनाते हुए।

धूप घड़ी की परछाईं में

अपने छोटे-छोटे जूते बजाता
चारों ओर   आ रहा है
              जा रहा है
                समय।
दर्जनों घड़ियों के बीच
मैं खड़ा हूँ
घड़ियों की एक दुकान में।

अचानक देखता हूँ चारों ओर
रुकी हुई हैं कई घड़ियाँ काफी देर से
                    जहाँ की तहाँ।

सभी घड़ियों में है
अलग-अलग समय
एक-दूसरे से एकदम अलहदा

क्या गलत चल रही हैं ये सारी घड़ियाँ
किस देश का समय हो रहा है इनमें
धरती के किस हिस्से का ?

किस घड़ी में है
किस देश का वक्त ?

सोचता हुआ खड़ा हूँ
मैं दर्जनों घड़ियों के बीच।

एक काली घड़ी है
जिसका पेंडुलम तेजी से हिल रहा है।
एक चमकदार सुनहरी घड़ी है
जिसके सीने में डोल रहा है एक जहाज
बगल में है एक सुर्ख घड़ी
जिसमें खिड़की खोलकर
एक चिड़िया चहचहाती है
और सारी हवा
उसकी अटपटी आवाज से
भर जाती है।

पूर्व की ओर दरवाजा है
दरवाजे के बीचोबीच
खड़ी धूप घड़ी की परछाईं में
अभी दोपहर है।

धरती के किसी हिस्से में सुबह हो रही होगी
धरती के किसी हिस्से में रात घिर रही होगी
धरती के किसी हिस्से में बरस रहा होगा पानी
यात्रा के लिए उड़ी होंगी चिड़ियाँ
धरती के किसी हिस्से से।

चिलचिलाती धूप है धरती के इस हिस्से में।

सामने दीवार पर टँगी घड़ी के डायल पर
दुनिया का रंग-बिरंगा नक्शा है

नक्शे पर   सूर्य किरण-सी पतली
एक तीसरी सुई
चक्कर काट रही है लगातार
और समय
सरक रहा है।

समय बदल रहा है प्रतिपल।

चारों ओर घड़ियाँ हैं
टिक-टिक करती धड़क रही हैं
कारीगर की उँगलियाँ
लगातार।

अगले और...
अगले सबेरे में प्रवेश करता
समय सरक रहा है
समय सरक रहा है
प्रति पल।

नीली बाल्टी

गहरे जल से
कुएँ की जगत तक
पानी खींचते हुए
उसने पूछा

धूप क्या रस्सी है
हवा क्या रस्सी है

आकाश ने देखा अपने को
रस्सी के पुल पर चलती
बाल्टी के आईने में
धूप थोड़ी-सी हिली
पानी में जैसे
धूप भरी हो।

धरती पर पैरों को साधते
और हाथों में तौलकर उठाते हुए
                    बाल्टी

उसने सोचा
पृथ्वी क्यों खींचती है
बाल्टी को अपनी ओर ?

उसे याद आई अपने लड़के की
जो लौह अयस्क की खदानों में
काम करता है।
पानी हिला कहीं बहुत अन्दर
धूप हिली कहीं बहुत अन्दर
वह मुस्कुराया हल्के से
मन ही मन।

□

बाल्टी ने कहा तब
पृथ्वी एक मस्तिष्क है
जड़ें उसकी शिराएँ
पेड़ उसके विचार
और
वहाँ
मिट्टी मेरा इन्तजार कर रही है
बैल थक गए हैं
और मैं उनके मस्तिष्क में
हिल रही हूँ
मिट्टी के होंठ
घड़े का व्यास
और दो खुरदुरे हाथ
मेरी प्रतीक्षा में हैं
मेरा पानी हिल रहा है
पानी के आईने में हिल रही हैं
सैकड़ों आँखें

□

आकाश को देखते हुए
उसने पूछा
धूप क्या रस्सी है

हवा क्या रस्सी है

भरकर
नदियों और समुद्रों का जल
कौन खींचता है
इस इतनी बड़ी
        नीली बाल्टी को

तभी
आकाश
और बाल्टी में हिलते आकाश में
एक साथ हिली
धूप
और हँसा
खुश-खुश
सूरज।

बादल क्या है

बादल क्या ऊँट है
नीले रेगिस्तान में
जिसके पेट में पानी हिलता है !

बादल क्या हाथी है
जो सूँड़ में भरकर नदी
पानी इधर-उधर उड़ाता है !

बादल क्या है

आखिर उसके आते ही
मेरा मन इतना खुश क्यों
　　　हो जाता है
क्या मेरे अन्दर के पानी
और उसके अन्दर के पानी में
　　　　　कोई नाता है !

बादल क्या है

बादल क्या तितली है
जो समुद्र का पराग केसर
　　　चुराकर ले जाता है

और सारी धरती पर खिलाता है
पानी के फूल !

बादल क्या है ?

दिन

रात
जामन डालकर
रखा दूध
धीरे
धीरे
जमता है

दिन
निकलता है

पहाड़ों से
उतरता है
        मैदान में
भेड़ों का एक रेवड़

अरे ! इसकी परछाईं कहाँ है ?

लोक-कथा

चमकदार हरी आँखों वाली बिल्ली
बिल्ली के सामने
सुरमई बादलों-से रंग का
कबूतर।

'आँखें मूँदो मैं तुम्हें एक जादू दिखाऊँगी'
कहा बिल्ली ने।
चटपट, आँखें मूँद लीं
कबूतर ने।
ज्वार का पूरा खेत मिलने वाला हो जैसे उसे !

दूसरे क्षण कबूतर नहीं था
तीसरे क्षण पंख गायब
गायब कबूतर की गुटर गूँ
धूप थी कबूतर की छाँह में
और धूप में
बिल्ली उड़ रही थी।

उड़ते-उड़ते
बिल्ली पहुँची
एक कविता के पास
बोली

'कबूतर मेरी आत्मा में जीवित है'
बिल्ली की आँख   बिल्ली की आँत
    पहचानती है कविता।

इससे पहले
कि अगला जादू दिखाए बिल्ली
कविता ने   अपने शब्द
अपने अगल-बगल खड़े लोगों में
    बाँट दिए।

पारदर्शी होकर कहा।
'देखा मेरा जादू'
क्या !
क्या धूप बोली यह ?
    पूछा बिल्ली ने।

बिल्ली   घरों में घुस-घुसकर
तभी से खोज रही है   कविता को
    रात-दिन।
रात-दिन
कविता
चकमा देती है बिल्ली को।

बिल्ली दौड़ रही है लगातार...।

मिट्टी का चेहरा

बाई और पिताजी के लिए

मैं उड़ जाऊँगा

सबको चकमा देकर एक रात
मैं किसी स्वप्न की पीठ पर बैठकर उड़ जाऊँगा
हैरत में डाल दूँगा सारी दुनिया को
सब पूछते बैठेंगे
कैसे उड़ गया ?
क्यों उड़ गया ?

तंग आ गया हूँ मैं हर पल नष्ट हो जाने की
आशंका से भरी इस दुनिया से
और भी ढेर तमाम जगह हैं इस ब्रह्मांड में
मैं किसी भी दूसरे ग्रह पर जाकर बस जाऊँगा

मैं तो कभी का उड़ गया होता
चाय की गुमटियों और ढाबों में गरम होते तन्दूर पर
सिंकती रोटियों के लालच में मैं हिलगा रहा इतने दिन
ट्रक ड्राइवरों से बतियाते हुए
मैदान में पड़ी खटियों पर
गुजार दीं मैंने इतनी रातें

क्या यह सुनने को बैठा रहूँ धरती पर
कि पालक मत खाओ ! मेथी मत खाओ !
मत खाओ हरी सब्जियाँ !

मैं सारे स्वप्नों को गूँथ-गूँथकर
एक खूब लम्बी नसैनी बनाऊँगा
और सारे भले लोगों को ऊपर चढ़ाकर
हटा लूँगा नसैनी
ऊपर किसी ग्रह पर बैठकर
ठेंगा दिखाऊँगा मैं सारे दुष्टों को
कर डालो कर डालो जैसे करना हो नष्ट
इस दुनिया को

मैं वहीं उगाऊँगा हरी सब्जियाँ और
तन्दूर लगाऊँगा

देखना एक रात
मैं सचमुच उड़ जाऊँगा।

भोपाल गैस त्रासदी के बाद हरी सब्जियों के प्रदूषित हो जाने के कारण उन्हें खाने से मना किया गया था।

रंगरेजों का कमाल

मनचाहा रंग नहीं चढ़ेगा कपड़े पर
परेशान हो जाएँगे रंगरेज और
सारा शहर अफवाहों से भर जाएगा !

उड़ गया, कोई लड़का उड़ गया रात
रंग के हंडे में बैठकर
हर गाली बकने वाले राहगीर पर
हवा से आता है पत्थर
घरों में रात गए औरतें चीखती हैं।

अचानक बदल जाएगा सारा दृश्य
चाबी के खिलौनों-से चंचल हो जाएँगे दिन
पानी की तंगी होगी और पानी के सपने आएँगे
खाली घड़े बजा-बजाकर लोग कहेंगे
अजब लड़का था
हंडे में बैठकर उड़ गया !

बजट पर चलेगी बहस और महँगी हो जाएगी यात्रा
सावधान ! कवियो सावधान
और कर लो विस्तृत अपने अनुभव का संसार !
देखो उस लड़के को देखो
जो हंडे में बैठकर उड़ गया !

दिन-भर की कमाई खर्च करके लौटेगा सूरज
आसमान के चिथड़े से सिला झोला उठाए
भार हर दिन और हल्का हो जाएगा
मर्द चिड़चिड़ाएँगे औरतें कलपेंगी
मन-ही-मन हँसेंगे रंगरेज।
चौराहों पर मुँह उठाए झुंड बनाए
लोग आसमान में ढूँढ़ेंगे

कौन लड़का उड़ गया
रंग के हंडे में बैठकर !

झूठ के बारे में एक कविता

झूठ एक बाजे की तरह था
जरा-सी फूँक मारो तो बहुत जोर से बजता था

वह बहुत चुस्त और फुर्तीला था
आसानी से पकड़ में नहीं आता था
वह कमाल का दिखनौटा था दिलचस्प और मजेदार भी
टमाटर की तरह लाल थे उसके गाल
वह कभी बूढ़ा नहीं लगता था

बनिस्बत सच के ज्यादा विश्वसनीय लगता था
और आमतौर पर ज्यादा काम आता था लोगों के
वह विनम्र था और आटे में नमक की तरह
रहना चाहता था

शासक जबकि उपयोग करना चाहते थे उसका
उल्टे अनुपात में और तानाशाह सोचते थे
कि उसे बार-बार दोहराने से
वह सच की तरह लग सकता है
यह बात एकदम गलत थी

वह गुलाम की तरह दबोचे रहता था सच को
हालाँकि सच की जो भी प्रतिष्ठा थी

उसी के कारण थी

उसमें अच्छी बात यह थी कि
अपने को छुपाता नहीं था
अपनी सारी चालाकी के बाद भी देर-सबेर
पहचान में आ जाता था

यही बात उसमें सच से अलहदा थी।

भयानक विचार

चाँद की ओर पीठ किए
शहर की छत पर बैठा है गिद्ध

अब इस दुनिया की ख़ैर नहीं
एक-एक कर अब घरों से आएगी रोने की आवाज
फिर शुरू होगा कौओं का सामूहिक कर्कश शोर
फिर सब एक-दूसरे में डूब जाएगा

दुख रही हैं धरती की बूढ़ी पसलियाँ
फटा जा रहा है आसमान का माथा

उड़ाओ गिद्ध को उड़ाओ
बचाओ हो सके तो बचाओ,
इस दुनिया को !

समय की खल्वाट खोपड़ी में पल रहा है
एक भयानक विचार !

झींगुर

कभी भी खत्म हो सकती है यह दुनिया
खत्म हो सकता है किसी भी पल
सारा जीवन !

खत्म हो जाएगा जब सारा जीवन
तब भी बचे रहेंगे झींगुर
उन पर कोई असर नहीं होगा किसी बम का

खत्म हो जाएगा जब सारा जीवन
तो खत्म हो जाएगा सारा शोर
खत्म हो जाएँगी सारी तकलीफें सारे दुख
दुनिया में होगा सिर्फ भयानक सन्नाटा
सन्नाटे में बोलेंगे झींगुर
तो कितना डरावना लगेगा सारा दृश्य !

पर कोई नहीं डरेगा तब
तब किसी चीज का डर नहीं बचेगा
बचेंगे सिर्फ झींगुर
जो अगली दुनिया बसने तक

तोड़ते रहेंगे सन्नाटा दिन-रात।

सचमुच की रात

सूरज ने स्वप्न देखा कि वह चाँद है
चाँद ने स्वप्न देखा कि वह
करोड़ तारे है

रोटी हिरन होने के स्वप्न में डूबी
जंगल में कुलाँचें भर रही थी
मैं एक कन्दरा से निकला
अपना तीर-कमान लेकर

तभी किसी पेड़ के पीछे से दबे पाँव
आया एक चीता
और उसने दबोच लिया हिरन को !

इसके बाद एक सचमुच की रात हुई
और किसी के पास
तब कोई स्वप्न नहीं बचा।

आखेट

नींद को बेचकर सारे घोड़े
कुलाँचे भरने को छोड़ दिए हिरन
स्वप्नलोक में

'शिकारियों के लिए प्रवेश निषेध'
'शिकार खेलना मना है यहाँ'
जगह-जगह लगाईं
मैंने तख्तियाँ

पर पैरों में इकट्ठा दिन-भर की थकान
और दिन-भर रोती हुई रुलाई
सबने मिलकर पैदा किया
मेरे ही रक्त से
एक शिकारी

मेरे स्वप्नलोक की चाँदनी रात में
खेला उसने आखेट
रात-भर रात-भर
देखी मैंने
हिरनों की चीत्कार

हाँ देखी
वह हिरनों की चीत्कार ! !

मिट्टी का चेहरा

एक पारदर्शी बाज झपटता है
और एक छोटे मेमने की तरह
दम छोड़ भागता है
चाँद

कलादीर्घा में लगी
के. जी. सुब्रमण्यम की प्रदर्शनी में
लोग खड़े हैं
चमकदार दीवार पर टँगे
एक मिट्टी के चेहरे के सामने

एक मिट्टी का चेहरा !

जगह-जगह से तड़क गई है इसकी मिट्टी
चेहरे पर पड़ती तेज रोशनी भी
खदेड़ नहीं पाती
दरारों में घुसा अँधेरा

एक मिट्टी का चेहरा !

कपाल पर चढ़ी त्योरियाँ
मुँह से बाहर झाँकते

बड़े-बड़े मिट्टी के दाँत
बड़ी-बड़ी जेबों वाले मिट्टी के कोट पर
लटक रहे हैं मिट्टी के तमगे

वह मिट्टी का चेहरा
हमारे वक्त पर
जैसे कोई तात्कालिक प्रतिक्रिया !

वह मिट्टी का चेहरा !

शताब्दियों पहले दफनाया जा चुका
कोई तानाशाह
अपनी टाँगें और जूते कब्र में भूलकर
हड़बड़ी में जैसे आ गया हो
आधा बाहर !!

एक बार फिर

पत्नी बैठी होगी थाली परोसकर
और कौर तोड़ने से
पहले
गिर पड़ेगा
न्यूट्रॉन बम !

जीवन की हलचल के बिना
गुजर जाएँगी
कई शताब्दियाँ
कई शताब्दियाँ गुजर जाएँगी
जीवन की हलचल के बिना

कोई आएगा तब
कई शताब्दियों बाद !

तब भी ज्यों की त्यों धरी होगी
शताब्दियों पहले
परोसी गई थाली
शताब्दियों बाद भी
गर्म रहेंगी रोटियाँ
जिन्हें ऑफिस से थककर लौटने के बावजूद
बनाया था पत्नी ने

सारे हत्यारों की इच्छा के बावजूद
नहीं लग पाएगी फफूँद
शताब्दियों पहले
बड़ी मेहनत से जुटाए गए
अनाज पर
शताब्दियों बाद भी

चटनी से आ रही होगी
कैरी और ताजे पुदीने की गन्ध
बेचैन कर देगी जो
आदमी की भूख को
एक बार फिर
एक बार फिर

नींद

हवा के हजार घोड़े
हजार घोड़ों पर आई रात

बहुत सारा माल असबाब
करोड़ों लोगों की नींद
बच्चों बड़ों-बूढ़ों
और जवान प्रेमी-प्रेमिकाओं के सपने
लादे हुए

जरा-सी
अनजाने ही हो जाए
भूल-चूक
कैसा बवेला मचे
लोगों की नींद में !

एक नन्ही-सी अकेली जान
बिचारी पर
कितनी ढेर जिम्मेदारियाँ !

सुख

उपटे खुरचे लीपी छाबी
भीत पोतकर
मांडी सांझी

सब बैठे फिर गोल बाँधकर
सबने मिल-जुल
गाया गाना

बीच दुखों में दुनिया-भर के
अपना छोटा-सा
सुख
पहचाना।

उसके स्वप्न में जाने का यात्रा-वृत्तान्त

मैं उसके स्वप्न में जाना चाहता था

वह हरी-हरी कमीज मैंने पहन ली
जो उसे खूब-खूब पसन्द थी
जिसकी दोनों जेबों में
रखी जा सकती थी दो चिड़ियाँ
या दो सफेद चुहियाँ !

तोड़ लिए मैंने उसकी पसन्द के फूल
बिना पूछे पौधों से, और
गुच्छे बना लिए !

सनकी थी वह, सनक की हद तक
पसन्द था उसे समुद्र
अगर कोई न टोके तो
घंटों, दिनों या शताब्दियों तक
देखती रह सकती थी वह
लहरों का आना-जाना

पोलीथिन की विशाल थैली में
मैंने समुद्र को भर लिया
आप अन्दाजा भी नहीं कर सकते

कि कैसी तकलीफदेह बात थी यह
समुद्र के लिए

साथ तो वह हो लिया
पर आशंका लगातार बजती रही उसके दिमाग में
कि रात-बिरात इधर से कोई गुजरा
और नदारद पाया समुद्र को
तो बिना बात का बतंगड़ बन जाएगा

तट के पास से ही मछुआरों से
मैंने एक नाव माँग ली और
बाँध लिया उसे अपने दाहिने कन्धे पर
उसका पाल जब हवा में लहराता, तो
लगता जैसे ताजे कोरे कागजों पर कोई
महाकाव्य लिख रहा हो !

चाँद मैंने कमीज की एक जेब में रख लिया
दूसरी जेब में क्योंकि सिगरेटें थीं
इसलिए तारे, वो प्यारे-प्यारे
ढेर सारे सितारे, पैंट की जेबों में भर लिए

तारे ! वो गिनती गिनने के खिलौने !
कई बार शुरू किया जिन्हें गिनना
और पूरा-पूरा कभी नहीं गिना

तारे तो तारे थे, मूमफली नहीं
कि खाता चला जाता
छील-छीलकर
खाली भी नहीं थे मेरे हाथ

फूलों से भरे थे, फूलों से
मेरे हाथ न हों, जैसे हों फूलों से लदे दो वृक्ष !

आखिरी दिन थे महीने के
चिल्लर की तलाश में हाथ
जेबों में जब कोलम्बस हो जाते हैं
सो ऐसी ही फोकट की चीजों से भरी जा सकती थीं जेबें !
●●
यह रात तीन बजकर दस मिनट का वक्त था, सड़क एकदम सुनसान
थी, और मैं उसके स्वप्न में जाने के लिए निकल पड़ा। मैं
इतनी सारी चीजों से लदा था, पर लुट जाने के खतरे का खयाल
मुझे एक बार भी नहीं आया, जबकि शहर में राहजनी की घटनाएँ
आए दिन हो रही थीं। और तो और मुझे सड़क के कुत्तों और
गश्ती सिपाहियों का भी खयाल नहीं आया, रात में घूमने निकलते
हुए जिनकी वजह से बिना भूले जेब में सिनेमा का
आधा फटा टिकट रखे रहना पड़ता था।
मैं किसी वृक्ष की तरह अपने हरे-भरे प्रेम में चार हाथ ऊपर तक
डूबा हुआ, आवारा हवा की तरह पूरी मस्ती में था।

कपड़े के जूते पहने, चीजों से लदे-फँदे मैं बिना कोई आवाज किए
उसकी नींद में पहुँचा, जूते मैंने बाहर नहीं उतारे, उसकी
नींद के दरवाजे पर ऐसी कोई तख्ती नहीं थी। उसकी आँखों
में दूर तक फैली नींद, मेरे पहुँचने से पहले तक
एकदम स्वप्नविहीन थी।
कैलेंडर के तारीखहीन हिस्सों-सी उस एकदम खाली नींद में
वह खुश थी न उदास। वह 'स्थिर-जीवन' के चित्रों-सी नींद,
एक स्वप्न की प्रतीक्षा-सी थी, आकर्षक पर मौन
और आँखें और बाँहें खोले हुए।
मैंने जल नहीं हिलाया, लहर नहीं बनाई

हवा को नहीं कौंचा, पेड़ को नहीं झिंझोड़ा
कि मछलियाँ भागतीं या जागतीं चिड़ियाँ

मैंने सिर्फ इतना किया कि हाथ में
थामे फूलों को धीरे-धीरे फैला दिया
उसकी नींद में
धीरे-धीरे
गन्ध और आश्चर्य से भरने लगी वह
धीरे-धीरे
नींद में जागते हुए
देखा उसने गन्ध को
फूलों को, मेरी कमीज के हरे रंग को और मुझे

नींद में देखते हुए वह मुस्कुराई, उठी
और हवाई स्पंज चप्पल पहनकर
हवा पर सवार हो गई

मैंने एक बड़े से बादल को पकड़ा
और एक-एक कर तमाम चीजें
उस पर सजा दीं

लेकिन समुद्र को मैं कहाँ रखता ?

थैली को उलट देता
तो सोती हुई सारी दुनिया भीग जाती !
नहीं खोली मैंने थैली
नाव में बैठकर हम
थैली में ही उतर गए

बाहर बादल पर, पेपर वेट-सा
रखा था चाँद और
उसके खरगोश
बादल के किनारे कुतर रहे थे
या बादल पर उगी दूब !

हम एक-दूसरे के चुम्बनों से
ढँकते चले गए, होंठ, आँखें
यहाँ तक कि सारा शरीर
ढँकता चला गया चुम्बनों से

●●

बादल इस बीच उड़कर जाने कहाँ चला गया
जाने कहाँ चली गईं सारी चीजें
हाय ! स्वर्ग में भी चोरी !
ऐसा तो पहले कभी नहीं सुना !

लौटा तो बस धूप का एक टुकड़ा था
जो घड़ी की तरह धमका रहा था
झटपट तैयार हो जाओ वरना
ऑफिस का वक्त बजा दूँगा।

तितलियाँ

हरी घास पर खरगोश
खरगोश की आँख में नींद
नींद में स्वप्न
चाँद का

चाँद में क्या ?

चाँद में चरखा
चरखे में पोनी
पोनी में कतती
चाँदनी

चाँदनी में क्या ?

चाँदनी में पेड़
पेड़ पर चिड़िया
चिड़ियों की चोंच में
सन्देसा ऋतु का

ऋतु में क्या ?

ऋतु में फूल

फूल पर तितलियाँ

हरी पीली लाल बैंजनी
रंग-बिरंगी तितलियाँ
तितलियाँ
जैसे स्वप्न पंखदार
जैसे बहुरंगी आग के टुकड़े
उड़ते हुए

तितलियाँ
आती हैं घरों में
बिना आवाज, बेखटके
जवान होती लड़की के बदन पर
बैठती हैं उड़ जाती हैं

कि 'छू लिया'
प्रेम होगा अब तुझे किसी से

तितलियाँ ही तितलियाँ
तितलियों पर आँखें
लड़की की

लड़की की आँखों में क्या ?

तितलियाँ !!

करमकल्ले और सारस और बच्चा

क्या वे छोटी-छोटी हरी पृथ्वियाँ हैं
बादलों के ऊपर से दिखते घास के मैदान
जिन्हें किसी जादूगर ने
गेंदों में बदल लिया है
या हरी पोशाक में
किसी स्कूल के गोल-मटोल
बच्चे हैं वे

वे जादूगर हैं शायद
जो हमारे छुटपन की
छोटी पाठशालाओं में आते थे
और एक रूमाल से
एक दर्जन रूमाल बनाने का
करतब दिखाते थे

पत्तों में से पत्ते खोलते
अनेक चौड़े चपाट पत्तों में
बदल जाते हैं वे
जैसे किसी पेड़ ने बन्द कर लिया हो
अपने को समूचा अपने अन्दर

हरी-हरी गेंदों के ढेर की तरह

रखे हैं करमकल्ले
एक बच्चा खड़ा है बगल में
उन पर पानी छींटता
पानी पड़ते ही खिलखिलाहट में
बदल जाती है उनकी मुस्कुराहट
वे हँसते हैं
और झुनझुने खनखनाते हैं
चारों ओर

किस करमकल्ले से निकला है वह बच्चा ?

क्या अभी खुलेंगे सारे करमकल्ले
और बाहर निकल आएँगे
खूब सारे बच्चे
उछलते-कूदते ?

याद आती है एक रूसी कहानी
वैज्ञानिक शिक्षा देने को इच्छुक
शशोपंज में पड़े पिता से
कहता है बच्चा

"बच्चे करमकल्ले से निकलते हैं
या कोई सारस लेकर आती है
उन्हें आकाश से"

कुतूहल से भर जाता हूँ मैं
कि खुलने ही वाले हैं
करमकल्ले
कि धूप सारस की तरह

खड़ी है उनके बगल में

देखता ही रह जाता हूँ एकटक
सामने के मकान की खिड़की पर
बैठी औरत
एक छोटा मौजा बुनने में
मगन है

क्या उसे खबर है
कब खुलेंगे करमकल्ले !!

माँ की याद

अचानक आती है
माँ की याद
और उदास हो जाती है
वह
कि एक उसी का घर
नहीं देखा माँ ने
कि माँ क्यों चली गई
उसका घर
बनने से पहले ही

सिसकने लगती है वह,
तकिए में सिर गड़ाए
कि माँ नहीं खिला पाएगी
उसी के पहले बच्चे को

जबकि सारी बहनों के बच्चों को
गोदी में ले-लेकर
कितना नहीं खिलाया माँ ने !

उसे रह-रहकर याद आती है
माँ
इन दिनों

इन दिनों
जब वह खुद
माँ बनने वाली है।

शहद जब पकेगा

लम्बी उँगलियों वाली धूप है तुम्हारा प्यार
तुम छुट्टी ले लो कुछ दिन
और धूप से बोलो
एवज में ऑफिस हो आए
टाइपराइटर पर बैठ जाए कुछ दिन

कमरे में चहकती चिड़िया है तुम्हारा प्यार
तुम छुट्टी ले लो कुछ दिन
और चिड़िया से बोलो
एवज में ऑफिस चली जाए
रजिस्टर में दर्ज कर आए
चिट्ठी-पत्री

सन्तरे का पेड़ है तुम्हार प्यार
बोलो उससे कुछ दिन
कर आए मेरी एवज में
मेरे ऑफिस का काम
अभी तो दूर है सन्तरों का मौसम
कई दिन हैं अभी पगार मिलने में

और ठीक-ठीक करना है सारा घर
जुटाना है काम की कितनी सारी

छोटी-मोटी चीजें
एक पगार में थोड़े न जुट जाएगा
सारा सामान

शहद का छत्ता है तुम्हारा प्यार
हल्की-हल्की आँच के धुएँ में
जिसे पकाएँगे हम
तुम छुट्टी ले लो कुछ दिन
और साथ-साथ बाजार कर लो
मधुमक्खियों से बोलो
निपटा लेंगी घर का कामकाज
और शहद भी पक जाएगा तब तक

●●

बजाज तो क्या देगा उधार !
पर हो सकता है एक काम
अपन कपास के पेड़ को ही पटा लें
उसकी धौंस-डपट से चल जाएगा काम
सीधे मिल से ही मिल जाएगा कपड़ा

अपन सिलाएँगे एक-एक नया जोड़ा
और नए जोड़े पहनकर इतराएँगे
कौन रोज-रोज आता है
यह दिन !

दर्जी तो पटेगा क्या !
उधार करे जिस-तिस से
तो चल गया धन्धा
चल गया घर

सुई से करेंगे बातचीत
और तागे को बता देंगे जेब

सेमल का एक पेड़ है मेरा दोस्त
अभी नहीं आया, तो कब आएगा काम ?
बोलेंगे उससे
भर दे एक तकिया
एक गद्दा, एक रजाई

अभी दूर हैं वे दिन
जब जरूरत होगी हमें
अलग-अलग रजाई की
जब पृथ्वी हो जाएगा तुम्हारा पेट
जब आकाश के कान में फुससाएगी पृथ्वी
जब वृक्ष से आँख चुरा, चुराओगी तुम
मिट्टी

जब पहाड़ों की आड़ से
एक टुकड़ा आकाश चुरा लाओगी
तुम

अभी दिन हैं, अभी तारे गिनना हैं कई सारे

अनन्त तक फैली, बादलों को छूती
हरी-हरी घास है तुम्हारा प्यार
तुम छुट्टी ले लो कुछ दिन
और चलो घास में लुक-छिप जाएँ अपन !

वे तीन

पहला बिजली का सामान बनाने वाले कारखाने में
रात की पाली में काम करता था

रात को अच्छी तरह तह करके लपेटकर
बन्द करके चाँद तारों की पेटी में
वह अलसुबह लौटता और
कमरे में आकर सो जाता

सोने से पहले वह
दूसरे को जगा देता

दूसरा स्टोव पर चाय का पानी चढ़ाकर
आकाश के दरवाजे खटखटाता
कि धूप
धरती, पेड़ों और घरों तक आ जाए
चिड़िएँ जागें और चीजें थोड़ी गर्मा जाएँ

फिर अपनी साइकल उठाकर वह निकल जाता
कि सुबह सब जगह पहुँची या नहीं !
औसारे से होकर धूप
जब लोगों की आँखों तक पहुँचती
वह सारे अखबार लगा चुका होता

जब वह अपने हिस्से का अखबार लिए लौटता
तीसरा जाग चुका होता

वे तीन थे
भाई नहीं दोस्त
जो शहर के एक छोटे से कमरे में अँट गए थे
लेकिन वे तीनों कुँआरे थे
और उनके सपने इस कमरे में
अँट नहीं पाते थे
कमरा छोटा था
और शहर बहुत बड़ा था
इसलिए कमरा जुटाने की जगह
उनकी जेबों में नहीं थी

तीसरा दिन-भर सड़कें नापता
नौकरी की अर्जियाँ लिखता
ऑफिसों के चक्कर लगाता

दिखता एकदम फक्कड़
पर अन्दर ही अन्दर
उदास रहता

पहला अक्सर लौटते हुए
एक सितारा चुरा लाता
और बची हुई दो बीड़ियों के साथ
खूँटी पर टँगी तीसरे की कमीज की
जेब में रख देता
चुपचाप

दूसरा अखबार से नौकरी के
विज्ञापन काटकर कतरनें
और थोड़ी-सी धूप
और चालू चाय जितने पैसे
तीसरे के पैंट की जेब में
खिसका देता

तीसरा जानता था पर चुप रहता था
वह चाहता था एक छोटी-सी नौकरी
एक छोटी-सी नौकरी
जिसमें बचा रहे दूसरों के लिए
अपनापन

वे तीनों
रात का खाना एक साथ
एक छोटे से ढाबे में खाते थे।

दादा ख़ैरियत

दादा ख़ैरियत
दादा ख़ैरियत

आवाज कसता है
जब कोई दादा ख़ैरियत
दर्जन-भर गालियाँ बकते हैं
दादा ख़ैरियत
ज्यादा ही तंग करे कोई
तो झुँझलाकर पत्थर लेकर
दौड़ते हैं
दादा ख़ैरियत

ईद-के-ईद कोई दे देता है उन्हें
उतरन की शेरवानी धुलवाकर
कोई सिलवा देता है सस्ते लट्ठे का
खुसना
कोई दे देता है पुरानी-धुरानी
अलीगढ़ी टोपी
उसी को साल-भर
बिना बदले
पहनते रहते हैं
दादा ख़ैरियत

पान की पीकों से भर चुकी है
पिछली ईद को पहनी शेरवानी
जगह-जगह से फट चुका है
गन्दा खुसना
चीकट हो चुकी है टोपी
इसके बाद भी कोई कहे
दादा ख़ैरियत
तो क्यों न गालियाँ बकें
दादा ख़ैरियत !

दादा ख़ैरियत का भी कोई
और नाम रहा होगा पहले
पहले जब कोई पूछता होगा
दादा ख़ैरियत ?
तो जवाब में वो भी कहते होंगे
ख़ैरियत मियाँ ख़ैरियत
खुदा की मेहरबानी है
अल्लाह का फज़्ल है

ख़ैरियत जैसा लफ़्ज़ सुनते ही भड़क जाते हैं
अब दादा ख़ैरियत
एक चिढ़ाउनी बन गई है उनकी
दादा ख़ैरियत

जब गुजरते हैं बूढ़े दादा ख़ैरियत
जुमेराती दरवाजे के नीचे से
सर झुकाकर गुजरते हैं
डर लगा रहता है हमेशा
कि टकरा न जाए दरवाजा

उनके सर से
दरवाजा जबकि ऊँचा
तिगुना या चौगुना उनके कद से

कैसा गुरूर अपने कद का दादा ख़ैरियत को
कि खत्म हो चुकी नवाबी रियासत का
बचा हुआ यह आखरी दरवाजा
छोटा पड़ता है उन्हें
तनकर निकलने के लिए आज भी

देखो-देखो नवाब भोपाल
कुदसिया बेगम, शाहजहाँ बेगम, बेगम सुल्तानजहाँ
देखो कि कितने ओछे तुम्हारे विशाल दरवाजे
कितने बौने तुम्हारे बड़े-बड़े महल
एक अधपगले बूढ़े के आगे

खत्म हो चुकी नवाबी, खत्म हो चुकी रियासत
खत्म हो चुके नवाब की दयानतदारी के किस्से
पाँच दरवाजों में बन्द शहर फैल गया
इतना बाहर
कि शहर के बीचोबीच
आ गए पाँचों दरवाजे

एक के बाद एक तोड़े गए चार दरवाजे
बचा रह गया सिर्फ एक दरवाजा
जुमेराती दरवाजा
जिसके नीचे से जब गुजरते हैं
दादा ख़ैरियत
तो मोखों से सिर निकालकर

गुटरगूँ करते चिल्लाते हैं कबूतर
दादा ख़ैरियत
दादा ख़ैरियत

आसपास इकट्ठे हो जाते हैं
मोहल्ले के लड़के
जिनके पास न खेलने का वक्त
न खेलने को हॉकी-फुटबॉल
देखते ही दौड़ पड़ते हैं लड़के
पीछे-पीछे चिल्लाते हुए
दादा ख़ैरियत
दादा ख़ैरियत
इधर-उधर दौड़ते-दौड़ते
हाँफ जाते हैं दादा ख़ैरियत
गालियाँ बकते-बकते
रुँध जाता है गला
उड़ने लगता है थूक मुँह से

फोकट का तमाशा
मनोरंजन सबका
दरवाजे से बाहर
चूने रामरज गेरू की दुकान लगाने वालियों
बसोढ़ों मालियों मूमफली के ठेले वालों
होटल के चाय लगाने वाले लड़कों
के लिए
बिना दाम का
मन बहलाव

जब ज्यादा तंग करते हैं लड़के
जब ज्यादा तंग आ जाते हैं
दादा ख़ैरियत
तो आगे बढ़कर कोई-न-कोई
भगा देता है लड़कों को
थमा देता है कोई ठेले वाला
मुट्ठी-भर मूमफलियाँ
या ईरानी होटल से कोई मँगा देता है
एक चालू चाय
दादा ख़ैरियत के लिए

कहाँ बची है ख़ैरियत
किसकी बची है ख़ैरियत
चलन न हो कहने का
तो कौन कह सकता है
इस जमाने में
ख़ैरियत मियाँ ख़ैरियत
कम-से-कम चिढ़ाने के बहाने
कह लेते हैं लोग ख़ैरियत

चिढ़ाने से बाज नहीं आते लोग
गाली देने से बाज नहीं आते
दादा ख़ैरियत !!

चखरी

घर लौटते हुए एक बार फिर
दिन-भर की कमाई
और सपनों को
मुन्ने ईरानी की चखरी पर लगाकर
जीतने की इच्छा में
दोनों चीजें हार जाएगा
        लल्ला कंजर !

गालियाँ बकता लल्ला कंजर
देर रात तक नहीं लौटेगा
घर
चला जाएगा कलारी

किलपकर चखरी को कोसेंगी
गालियाँ बकेंगी औरतें

घर-भर की चकल्लसें अपने सीने में दबाए
चखरी और सट्टे में खोजते
अपने सपनों को
रात देर तक पटियों पर बैठे लोग
फीचर खुलने का इन्तजार करेंगे
और अपनी किस्मत को कोसते लौट जाएँगे !

आधी रात को एक दोस्त
छलाँग लगा जाएगा
ज़िन्दगी से बाहर
जाने किस-किस का कर्ज़
अपने मन में लिए हुए
हर बार खाली ख़ानों पर रुकती
घूमती रहेगी चखरी
किस्मत की चखरी
धोखे की चखरी

रात को चीरता हुआ
चिल्लाएगा लल्ला कंजर
'मारो चखरी को मारो'
चिल्लाएगा लल्ला कंजर
और
किसी नाली में लुढ़क जाएगा !

नकाबपोश

ठीक साढ़े दस बजे
बैंक में दाखिल होता है
एक नकाबपोश
जेब से निकालता है नोटों की गड्डियाँ
काउंटर पर खड़े होकर भरता है
खाता खोलने का फार्म
सब सन्न ! सब खामोश ! !
जैसे कनपटी पर धरी हो कोई पिस्तौल !

दो लाख !
दो लाख का डिपाजिट !
डरा-डरा मन ही मन खुश होता
शाखा प्रबन्धक !
जमा योजना की महान उपलब्धि
आसमान फाड़कर गिरती
अगली पदोन्नति !!

अचानक ! अचानक !
फैलती है खबर चारों ओर
धर लिया गया
बैंक से निकलते ही पुलिस द्वारा
कर लिया गया गिरफ्तार

नकाबपोश !!

कई दिन ! कई दिन !
सबकी बातचीत में सबके इर्द-गिर्द
मँडराती है नकाबपोश की परछाईं
कई दिन ! कई दिन !!
कई दिन बाद
फिर कई दिन बाद

जेल से आता है एक चेक
नकाबपोश का
एक चेक पन्द्रह हजार का

सिमट आते हैं सब आस-पास
शाखा प्रबन्धक, लेखापाल रोकड़िया
अधिकारी, लिपिक, सन्देशवाहक
सिमट आते हैं सब
आसपास
घेरकर खड़े हैं सब
चेक को

सब घूरते हैं कोई अजूबा नहीं !
सम्भव नहीं निकल आना चेक से
नकाबपोश का
सबके सब उत्तेजित
सबके सब निश्चिंत

इधर-उधर किसी कोने में
स्ट्रांगरूम के दरवाजे के पीछे

कहीं लुका तो नहीं
नकाबपोश !!

शक की नज़र दौड़ती है इधर-उधर
कैसा भयभीत
सारा माया बाजार
अपनी ही परछाईं से !!
सब घूरते हैं चेक
चेक के हस्ताक्षरों में हिलता है
नकाबपोश का फाउंटेन पेन !

गरुड़

पत्थर की मूर्ति के आगे
बैठा है चुपचाप
लम्बी पतली गरदन वाला
गरुड़
पीतल के रंग का

हिलाओ
हवा में बजती हैं घंटियाँ
घनघनाता है उसका पेट

धरम ने बाँध दिए
तुम्हारे भी पंख
तुम्हारी भी उड़ान ! !

उड़ता नहीं
गरुड़
सिर्फ
टुनटुनाता है।

मकर संक्रान्ति

पाला बदलती है
जब धूप
घर में आती है
एक मिट्टी की गाड़ी

मिट्टी पर दौड़ते हैं
मिट्टी के पहिए
गड़ऽड़ गड़ऽड़
हँसती है मिट्टी

मिट्टी की हँसी से
भर जाता है
घर-भर।

यह धर्म के विरुद्ध है

मकान मालिक परेशान है
और आँगन में टहल रहा है, देख रहा है
दाहिनी ओर की दीवार पर
भीत फोड़कर
एक पीपल उग आया है
दीवार में दूर तक
पड़ गई है दरार

पर पीपल को
न तो उखाड़ा जा सकता है
न काटा जा सकता है
क्योंकि यह
धर्म के विरुद्ध है।

मकान मालिक परेशान है
और आँगन में टहल रहा है, देख रहा है
पीपल और बड़ा हो गया है
पूजा के लिए उसके आसपास
इकट्‌ठे होने लगे हैं
मोहल्ले के लोग

मकान एक सार्वजनिक स्थल
बनता जा रहा है

पर वह किसी को भी रोक
नहीं पा रहा है
क्योंकि यह
धर्म के विरुद्ध है।

मकान मालिक परेशान है
और आँगन में टहल रहा है, देख रहा है
पीपल ने जड़ें और फैला ली हैं
दीवार धसक गई है पूरी तरह
घर एक तरफ से
पूरा नंगा हो गया है
जहाँ से ताक-झाँक कर रहे हैं लोग
पर वह किसी से
कुछ नहीं कह पा रहा है
क्योंकि यह
धर्म के विरुद्ध है।

मकान मालिक परेशान है
और आँगन में टहल रहा है, देख रहा है
फैलती ही जा रही हैं
पीपल की जड़ें
और धसकता ही जा रहा है मकान

अपनी ही जमीन से
निर्वासित होता जा रहा है वह
वह मन ही मन बड़बड़ा रहा है
ऐसी की तैसी इस....
पर असम्भव है इसके आगे कुछ भी कहना
क्योंकि यह
धर्म के विरुद्ध है।

ताला

एक बहुत मजबूत ताले के सामने
खड़ा-खड़ा सीटी बजाता है
चोर
मुस्कुराता है ताला
मन ही मन
अपने तिलिस्म को
अपने में लुकाता हुआ

खुराफात दोनों के भीतर
दोनों में चलती है
होड़
मुतमइन नए कारखाने का मालिक

असफल हो जाए अगर चोर
बंटाढार हो जाए
कितने बड़े तामझाम का ! !

कलाओं का अन्तर्सम्बन्ध

शासकीय संस्कृति की छुकछुक गाड़ी में
दूसरे दर्जे की बोगी में
बैठेंगे शब्द
शब्द बैठेंगे दूसरे दर्जे की बोगी में
संस्कृति की छुकछुक गाड़ी में

पहले दर्जे की बोगी में बैठेगा कौन,
पहले दर्जे की बोगी में ?
पहले दर्जे में बैठेंगे गायक
पहले दर्जे में बैठेंगे वादक
पहले दर्जे में बैठेंगे चित्रकार

अधिकारी, मन्त्री, मुख्यमन्त्री
और महान नृत्यांगनाएँ
बिराजेंगी
वातानुकूलित शायिका में

संस्कृति की छुकछुक गाड़ी में
दूसरे दर्जे की बोगी में
बैठेंगे शब्द

जुड़ी रहेंगी सारी बोगियाँ

एक-दूजे से
एक-दूजे के साथ
कि हमारे समय में यही तो है
कलाओं के बीच अन्तर्सम्बन्ध
आपसी सरोकार !
दोहराएगा बार-बार
शासकीय संस्कृति का प्रवक्ता
शब्द का
सम्मान करती है सरकार

सम्मानित की जाएँगी रूपंकर कलाएँ
गायकों को, वादकों को, चित्रकारों को
मिलेंगी भारी-भारी थैलियाँ
और शब्द
लौटेगा हाथों में लटकाए
फूलों का एक बड़ा हार
या
सिर्फ हार !

संस्कृति की इस छुकछुक गाड़ी में
हरदम दूसरे दर्जे का
नागरिक
बने रहने का
स्वीकार ! !

महान कला-मूल्य

स्थापित होंगे
एक बार फिर स्थापित होंगे
कला की पावनता और
कला कला के लिए वाले
सारे मूल्य
महान कला-मूल्य !

एक अँधेरे कक्ष के धुँधले उजाले में
व्यस्त हैं नई-नई योजनाओं में
कई योजना मार्तण्ड, लेखक, चित्रकार
कुख्यात गुप्तचर संस्था के वरिष्ठ अफसरान

पल-प्रतिपल हो रहा है विस्फोट
महोत्सवों का
नए-नए उत्सवों का
आयोजित हो रही हैं कर्मशालाएँ
अनुवाद अनुवाद अनुवाद
धड़ल्ले से चल रहा है अनुवाद
और चारों ओर चक्कर काट रही है
फैलोशिप फोर्ड फाउंडेशन की

खटिया के आसपास चक्कर लगाती है छछून्दर

परीक्षा-हॉल में घूमता है
एक निरीक्षक
एक भेदिया मँडराता है
कहवाघर की हर टेबिल के आसपास !
हर अंचल से उठेगी अब आवाज
देश !
कुछ नहीं होता देश
स्वतन्त्रता मिलनी चाहिए हर अंचल को
बनना ही चाहिए उसे फिर से
छोटा-सा मगर पृथक साम्राज्य

–(ताकि बनाए जा सकें उसमें फौजी अड्डे
लगाए जा सकें प्रक्षेपास्त्र !)

लगातार लगातार
आदिवासी कथाओं से खोजे जा रहे हैं
नए नाटकों के
विद्रोही नायक !

अब वर्कशाप में तैयार होंगे नाटक
अब वर्कशाप में लिखी जाएँगी कविताएँ
उपन्यास तैयार होंगे वर्कशापों में
वर्कशाप में तैयार की जाएँगी सारी कलाएँ
निर्देशों के अनुसार
कि वर्कशाप संस्कृति का
नया दौर है यह

उपस्थित सारे यशःप्रार्थी लेखक
गायक वादक कलाकार चित्रकार

सबकी आत्मा में गुदगुदी
सबके कानों में फुसफुसा रहा है
डॉलर

और देखिए
वो उड़ा वो उड़ा
हवाई जहाज पर होता सवार
फलाँ लेखक का दिमाग
यूरोप की यात्रा पर !!

सेब

क्या होता
न्यूटन की जगह अगर मैं होता
तो क्या होता उस सेब को देखकर ?

एक अद्‌भुत गोल
गोल और सुर्ख
आग की
मैं एक कविता लिखता

एक भूखा बच्चा होता
दौड़कर आता
चिड़ियों और साँपों के
मुँह छुआने से पहले ही
उठाकर धन्नाकर
भाग जाता
किसी कोने में दुबककर
जल्दी-जल्दी कचर-कचर खाता
सेब की सुन्दरता से बेखबर
भूख की तरह

हो सकता था
माली की लाठी से घायल हो जाता

या चोरी के इल्जाम में पकड़ा जाता
पुलिस ले जाती टाँगाटोली करके

कनपटियाँ
झुनझुने-सी बजने लगतीं
अगर कोई जवान लड़की
होती वहाँ
पर उस सबसे भी क्या होता
ज्यादा-से-ज्यादा
एक कविता लिखी जाती
एक भूख थोड़ी देर को
तुष्ट होगी
कानून की कोई धारा
पुष्ट होती

या लड़की
प्रेम करने लगती
अपने पड़ोसी लड़के से

गुरुत्वाकर्षण का नियम
जाने बगैर... !

अनार

मत जाओ दुखियारो
अनार के पेड़ की तरफ
मत जाओ !

सौ बीमारों के बीच
वह असहाय अकेला है

कंजूस !
अपनी गन्दी पोटली में छुपाए
अपने सारे मोती
सारा खजाना !

माना परिंदे का पर देखकर
भाँप जाते हो तुम
सारी बात
पर कहो तो जरा
अनार के भीतर छुपा है
क्या कोई अस्पताल ?
या लुककर बैठा है उसमें
कोई हकीम लुकमान ?

मत दौड़ो दुखियारो

अनार के पेड़ की तरफ
मत दौड़ो !
कि हाँफते-हाँफते जब तक
पहुँचोगे तुम
कोई राक्षस चुराकर
ले जा चुका होगा
सारे अनार !

सवाल करो !
सवाल करो !
हमारे गाँव में कब खोला जाएगा
अस्पताल
हमारे घरों के आसपास
कब लगाए जाएँगे
अनार !

सवाल करो
पर ललचाओ मत
अनार को देखकर

कि सौ बीमारों के बीच
वह अकेला है !!

असली किस्सा तबीयत के हिरन हो जाने का

हिरन छाप बोतल का ढक्कन खोलकर
मैंने आजाद किया हिरन को
और खुला छोड़ दिया उसे
अपनी नसों के जन्तर-मन्तर में
जिसके बीच ही कहीं था
मेरी आत्मा का कोमल-कोमल
और हरा-भरा चारागाह

पलक झपकते ही हिरन हो गई मेरी तबीयत !

सृष्टि के छोरों तक मेरे सामने फैले हुए थे सातों आसमान
और हवाओं को चीरता सातवें आसमान पर
कुलाँचे भर रहा था हिरन
और हिरन की तबीयत में
बा हैसियत एक शहंशाह
बैठा हुआ था मैं

हाथ बाँधे खड़े थे सारे नक्षत्र, ग्रह और उपग्रह
सात दिन खड़े थे सात दिनों की आभा
और चारों मौसमों के सात हजार फूलों और फलों से
भरी डालियाँ लिए
ऋचाएँ गा रहे थे सप्तऋषि तारे

बिछा हुआ था चाँदनी का चकमक गलीचा
पूरे आकाश मार्ग पर
और चाँद अपनी सुनहरी बाँहें फैलाए
खड़ा था मेरे स्वागत के लिए
यह मेरी विराट और बंजर
बेरोजगारी के दिनों की एक रात थी
ये वे मनहूस दिन थे जब
सुबह साढ़े दस से शाम साढ़े पाँच तक
सारा-सारा दिन किचकिचाती धूप में
चालू चाय और बीड़ियों के सहारे
विद्यालय और सरकारी कार्यालयों से
अखबार के दफ्तरों तक
फकत एक छोटी-सी नौकरी की तलाश में
मैं नापता रहता था
अजगर-सी लम्बी सड़कें

यूँ बड़ी बात नहीं थी
सुई के छेद से हाथी का निकल जाना
या जरा-सा पेट नमाकर चुरा लेना पूरा ऊँट
पानी पर नंगे पाँव चलकर समुद्र पार करने का दावा
करने वाले बाबाओं के इस महान देश में
एक छोटी-सी नौकरी तलाश लेने को छोड़कर
आसान था
बड़े से बड़ा जंगी करतब !!

हाय हाय !! एक छोटी-सी नौकरी !!
दो कौड़ी की बबुआगिरी
या चार धेले की मास्टरी
जिसकी कोई इज्जत आबरू नहीं इस दुनिया जहान में

सबसे सस्ता भाव, सबसे अन्तिम प्राथमिकता जिसकी
शादी-ब्याह के व्यापार में

किसी तिल की अंटी में नहीं था
मेरी खोपड़ी के लायक थोड़ा-सा तेल

रात के इस शानदार दूसरे पहर में
जब कुत्ते किसी बंगले में पालतू होने के
ख्वाबों में डूबे हुए थे
और चमगादड़ें कर रही थीं रतजगा
मैं सारी दुनिया के रोजगार कार्यालयों के
मंसूबों पर खाक डालता
और जब तब दयार्द्र हो उठने को आतुर लोगों की
खोपड़ियों में खलबली पैदा करता
हिरन की तबीयत में सवार
मैं उड़ रहा था सातवें आसमान पर

ब्रह्मांड की टेबिल पर
चाँदी की चमचमाती तलवार की तरह
रखी थी आकाशगंगा

यह थी मेरी तलवार !
दुनिया के महानतम योद्धा की तलवार
से भी बड़ी और शानदार
जिसे धारण करके निकल जाना था मुझे
दिग्विजय पर
दुनिया के तमाम दुखों का सर काटते
और खनखनाते हुए दिशाओं को

ठीक इसी वक्त लेकिन मुझे दिखा शनिग्रह
वह नाना फड़नवीस-सी टेढ़ी पगड़ी बाँधे
लुकता-छिपता मेरी नजरों से बचकर
निकल भागने की कोशिश कर रहा था
चुपचाप

"गलियाँ और नुक्कड़ नहीं हैं
इस सपाट आकाश-मार्ग में
बचकर कहाँ जाएगा तू !"
धर दबोचा मैंने उसे और मजे से खबर ली उसकी
"तो आप ही हैं वे शनिदेव
जो खड़ी करते रहते हैं
रोज-रोज नई चकल्लसें
और पड़े रहते हैं हमारी धरती के
हर किसी मुसीबतजदा आदमी के पीछे,
क्या आपको खबर है
कि आपका खौफ दिखाकर
जब-तब अपनी अंटियाँ गरमाते रहते हैं
हमारे यहाँ के धूर्त ज्योतिषी और पंडित !
ठीक-ठीक बताओ
इस माल में कितना हिस्सा है तुम्हारा ?"

खिसियाता हुआ चुपचाप खड़ा था
वह नजरें झुकाए
चलते-चलते मैंने डाँटकर कहा

"रावण की जूतियाँ चटकाने वाले पलीत
बाज आओ अपनी हरकतों से
वरना धूल में लोटती नजर आएगी

तुम्हारी पगड़ी''

फुर्सत ही कहाँ थी मेरे पास कि मैं सुनता
घिघियाते हुए वह क्या कह रहा है
अपनी सफाई में
हिरन की पदचाप सुनते ही वहाँ
खड़े हो गए थे सबके कान
अपनी-अपनी गद्दियाँ छोड़कर
खड़े थे वहाँ सारे ग्रह
सकुचाए हुए खौफ खाए हुए
कि पता नहीं किस पर टूट पड़े मेरा कहर
किसकी शामत आ जाए दूसरे ही पल !

नौकरी नहीं करते हिरन
उसे नहीं थी जरूरत किसी चरित्र प्रमाण-पत्र की
नस-नस में थी उत्तेजना और हवा हो रहे थे
उसके पैर

एक विशाल फुटबाल-सी नजर आ रही थी पृथ्वी
ओर-छोर फैला था एक हरा जादू
हरी चादर ओढ़कर
मजे में सोए पड़े थे
गेहूँ और धान
बाग की रखवाली में ऊँघते राक्षसों की तरह
उकड़ू बैठे थे
विन्ध्याचल और सतपुड़ा के भीमकाय पहाड़
''सारे सोने के अनार चुराकर ले जाऊँगा मैं
और तुम्हारी तो औकात क्या
तुम्हारे बचे-खुचे राजा और राजकुमार भी

बाल तक बाँका नहीं कर पाएँगे मेरा !"

आसमान की सातवीं मंजिल से चिल्लाकर कहा मैंने

मूर्खों की तरह मुँह उठाए
खड़े थे सारे वृक्ष
मेरी बातों को बूझने की कोशिश करते

शताब्दियों बासी खदबदाती शिक्षा की फफूँद में
बजबजा रहे थे देश के सारे शिक्षा केन्द्र
विद्यालय महाविद्यालय और विश्वविद्यालय
और
स्याही की चिड़ियों की बीट
और कागजी घोड़ों की लीद पर
उगे हुए थे
सचिवालय और सरकारी कार्यालयों के
कुकरमुत्ते
उनके सम्मान में एक दर्जन गालियाँ
निकालते हुए
मैं चीखा
"तुम ! तुम माल्थस की लीद में
अपनी अकर्मण्यता छुपाने वाले
शासकों और प्रशासकों को
ढोने वाले खच्चरो
तुम दोगे इस देश को
नई योजनाएँ और खुशहाली !!
तुम !
जो नहीं तलाश सकते इस विशाल भूखंड पर
एक स्नातक के लिए

एक छोटी-सी नौकरी !"

नहीं है नहीं है
चाँद पर अंगूर का एक भी बगीचा नहीं है ?
हजारों टाँगें हवा में उछालते
और चाँद की ओर लपकते
समुद्र के सामने
खोल दिया भंडाफोड़ कर दिया
मैंने इस रहस्य का !!

नीचे खनखना रहा था
सारा सर्राफा सटोरियों की आवाज से
चमचमा रहे थे निजी व्यवसाय में लगे
चिकित्सकों के चेहरे
कि चाँदी के दलदल से उड़ते हुए
सारे देश में फैल रहे हैं
दिमागी बुखार के कीटाणु
हाय ! चाँदी के एनाफ्लीज
सोने के वायरस
हीरे जवाहरात के बैक्टीरिया !!

रात के इस पहर में
जब सोना चाह रहे थे या सो चुके थे लोग
चौकीदार चिल्ला रहे थे
जागते रहो जागते रहो
नींद के झोंकों में लिख रहे थे अखबारनवीस
राजनेताओं के ऊबाऊ और मूर्खता से भरे भाषणों को
अपनी चटपटी भाषा में
चन्द्र-लोक, सर्राफा और वेश्याओं के कोठों के सिवा

एकदम सुनसान पड़े थे
सारे दफ्तर, बैंक और शिक्षा केन्द्र
आदमी तो आदमी
आदमी की गन्ध तक नहीं थी वहाँ
उन सैकड़ों कमरों और गलियारों में

पोले बाँसों के भीतर से गुजर रही थी हवा
और पोस्तों में बज रहा था खसखस

बन्दूकें बगल में टिकाए
स्टूलों पर ऊँघ रहे थे चौकीदार
अपने कवचों में घोंघों की तरह
दुबके बैठे थे टाइपराइटर
और इस्पात के तहखानों में सोई पड़ी थीं फाइलें
फाइलों में सो रही थीं योजनाएँ
सैकड़ों का सुख-चैन और भविष्य !!

"अपनी ख्वाबगाहों में घोड़े बेचकर सोते हुए
प्राचार्यो, प्रशासको और शासको सुनो !
सुनो ! कि मैं
तुम्हारे नरक के ऊपर से बोल रहा हूँ
है तुम्हारे सम्पूर्ण इतिहास में ऐसा कोई शहंशाह
जिसने सवारी की हो हिरन की तबीयत में बैठकर

चौपट खुले छोड़ दिए हों जिसने
अपने खिड़की दरवाजे
जिसे कोई खौफ कोई खटका न रहा हो
चोर डाकू और गिरहकटों का
इस तरह बेखबर रहा हो जो

अपनी दौलत और जागीर से ?

नहीं हुआ
नहीं हुआ
इतिहास में मुझसे पहले ऐसा कोई शहंशाह नहीं हुआ
क्या छीन सकता था कोई मुझसे !
मेरी जेब में फकत कंगाली का एक जिन्न था
जिसके पास एक विराट खजाना था
तंगहाली से भरे दिनों का

वह बोतल जिससे
आजाद किया था मैंने हिरन को
लौटा चुका था मैं
कलारी के मुच्छड़ मालिक को
और वसूल चुका था अठन्नी
और अब
वह रकम भी नहीं थी मेरे पास
उस एकमात्र रकम से खरीदा जा चुका था
काला फूल
बीड़ियों का !

"ओ धुएँ का धन्धा करने वाले बीड़ी सेठो
लखपतियो, करोड़पतियो, अरबपतियो
याद रखना
यह मेरा आठ आने का अहसान !
याद रखना कि मैंने अपने सबसे तंग दिनों में भी
दिए थे तुम्हें आठ आने
याद रखना, अपनी जेब की सम्पूर्ण दौलत
लुटा दी मैंने तुम जैसे दौलत के पिस्सुओं पर !"

मुझे पता था, सब पता था मुझे
कि कमरों में घुसे हुए कई हाथ
लाल स्याही का पेन थामे
मेरे नाम के आगे लगा रहे हैं
संदेह के निशान
लेकिन उस वक्त कौन कर सकता था फिक्र
इन बेहूदा बातों की !!

सुनो ! इस महान धरती की तमाम
देवियो और सज्जनो सुनो !

मैं चश्मदीद गवाह इस सातवें आसमान का
बताता हूँ तुम्हें
कोई स्वर्ग, कोई बहिश्त नहीं है यहाँ
चकनाचूर हो जाएँगे तुम्हारे सैकड़ों ख्वाब
मैं जानता हूँ
लेकिन सुनो ! एकदम सच-सच बताता हूँ तुम्हें
खुदा को किसी भी नाम से पुकारने वालो
यहाँ नहीं है किसी भी खुदा का वजूद
और कभी रहा हो
तो भाग चुका है वह
मेरे यहाँ पहुँचने से पहले ही

मैंने सुलगाईं तमाम बीड़ियाँ एक साथ
और बाँट दीं उन तमाम लोगों को
जो शहंशाह थे मेरी ही तरह
कंगले शहंशाह !!
अपनी-अपनी तबीयत की जागीर में
दंड पेलते हुए !

धुएँ ही धुएँ से भर गया सारा स्वर्ग
सात मंजिला स्वर्ग ! !
चमक उठीं बीड़ियाँ
चमक उठीं जैसे सैकड़ों मशालें !
मशालें ही मशालें
चीख रही थीं चारों ओर
गुँजाते हुए पूरे ब्रह्मांड को
गूँज रहे थे सैकड़ों कंठ

बदलो ! बदलो !
बदलो इस संसार को ! !
मैंने खटखटाए तमाम सितारों के दरवाजे
और हुक्म दिया उन्हें
कि कल आना
हाजिर होना कल
हमारे दरबार में

कल लिखाऊँगा मैं तुम्हें
नई दुनिया की संरचना का
नया ड्राफ्ट !!

भोपाल : शोकगीत 1984

(भोपाल गैस-त्रासदी पर आठ कविताएँ)

कुछ दिनों बाद

कुछ दिनों बाद वहाँ घास उग आएगी
कुछ दिनों बाद मिट्टी कड़ी हो जाएगी वहाँ
नमक और फास्फोरस की मात्रा बढ़ जाएगी
जहाँ दफनाए गए थे
दो दिसम्बर की रात मारे गए लोग।

दुख पर धीरे-धीरे धूल की कई तहें
जम जाएँगी और यादों पर
कई और दुखों की

कुछ दिनों बाद लोग घटना पर बात करने से
बचेंगे एक-दूसरे से और सोचेंगे
कि याददाश्त कमजोर होती है लोगों की

कुछ दिनों बाद बिना पहचान वाले
मृतकों का पोस्टर
कहीं नहीं दीखेगा शहर में।

कोई नहीं रोता

अब यहाँ कोई नहीं रोता

लोग बहुत जल्दी थक जाते हैं और
बहुत जल्दी ऊब जाते हैं
एक शंका रह-रहकर शहर का चक्कर काटती है
एक डर लोगों के साथ-साथ चलता है
परछाईं की तरह हर वक्त

हवा गुजरती है बच्चों की कब्र को छूती हुई
और एक खरखराता हुआ शब्द गूँजता है
रुँधे गले से जैसे कोई बच्चा
आखिरी बार पुकार रहा हो
माँ

अब यहाँ कोई नहीं रोता

शहर के एक इलाके के सारे पेड़
अब भी स्याह हैं
रात के अँधेरे में वे किसी शोक जुलूस की तरह
नजर आते हैं

औरतें कुछ भी याद न करने की कोशिश करती हुईं

दिन-भर लिफाफे बनाती हैं, किसी कतरन में
बच्चे की तस्वीर देखकर ठिठक जाती हैं
आँखें चुराते हुए
कागज को जल्दी से पलटकर
ढेर में मिला देती हैं

अब यहाँ कोई नहीं रोता

सिर्फ झरी हुई पत्तियाँ रात में सरसराती हैं।

हवा

हवा को डस लिया है
किसी करात ने
या कौड़िया साँप ने

लहर मारता है जहर
थरथराता है रह-रहकर
हवा का बदन

भागो भागो भागो
जहाँ भी खुला हो
थोड़ा-सा आकाश
जहाँ भी बची हो
थोड़ी-सी हवा पवित्र
भागो भागो भागो
चीखता है
सारा शहर

हमारी हवा को डस लिया है
किसी करात ने
किसी कौड़िया साँप ने।

वृक्षों का प्रार्थना गीत : एक

मत छुओ, हमें मत छुओ बसन्त
अब नहीं हो सकता
छुपम-छुपैया का खेल

तुम छुओ और हम उड़ जाएँ
अन्तरिक्ष में
लुक जाएँ किसी नक्षत्र, किसी ग्रह, उपग्रह
या तारे की आड़ में

हमें डस लिया है एक विषैली रात ने
मत छुओ, हमें मत छुओ बसन्त !

वृक्षों का प्रार्थना गीत : दो

मत छुओ, हमें मत छुओ बसन्त
हो सके तो लकड़हारों को बुलाओ
जो काट डालें हमें
आग में झोंक दें

हमारे स्वप्न में अब कोई जगह नहीं
फलों और फूलों से लदे होने के
स्वप्न के लिए
अब हमारी रात में हमारी नींद में
सिर्फ मृत्यु घूमती है नंगे पाँव
दौड़ते भागते हाँफते
असमय मरते हैं बच्चे औरतें पुरुष
निरपराध !
कोई कब तक, कब तक देख सकता है
अनवरत मरते, दम तोड़ते हजारों लोगों को
हर रात !

मत छुओ हमें मत छुओ बसन्त
हो सके तो लकड़हारों को बुलाओ
जो काट डालें
आग में झोंक दें हमें
मुक्त कर दें हमें
इस भयावह स्वप्न से !

इस शहर को छोड़कर

जो छोड़कर गए थे
सब लौट आए, सब लौट आएँगे एक दिन
इस शहर को छोड़कर
अब कभी नहीं जा पाएँगे हम

जिस मिट्टी के नीचे दबी हों
अपनों की हड्डियाँ
कोई छोड़कर जा भी कैसे सकता है
वह जगह !

इससे ज्यादा कोई बिगाड़ भी क्या सकता है
किसी शहर का
अब मृत्यु से कभी नहीं डर पाएँगे हम

अब चाहकर भी कभी इस शहर से
नफरत नहीं कर पाएँगे हम।

मेरे शहर का नाम

मैं नहीं चाहता
कि जब भी लूँ
मैं अपने शहर का नाम
दूसरा पूछे
क्या हुआ था उस रात ?
कैसे हुआ वह सब कुछ ?

मुझे आज तक कोई नहीं मिला
जिसने कहा हो
मैं हिरोशिमा से आया हूँ
मैं आया हूँ नागासाकी से

क्या मुँह लेकर जाऊँ मैं
दूसरों के सामने
किस मुँह से कहूँ
कि मैं आया हूँ
किस शहर से !

बसन्त 1985

इतना थका और लज्जित
किसी ने नहीं देखा होगा
बसन्त को
जरा-सी आहट पर खड़े हो जाते हैं कान
और तपने लगती हैं लवें
कि कहीं कोई पूछ न बैठे
क्यों आए इधर

इतना सहमा और शंकित
किसी ने नहीं देखा होगा कभी
बसन्त को

कोई वृक्ष नहीं जहाँ
एक हरी कोंपल की तरह फूट सके वह
कोई वृक्ष नहीं जिसे फूलों से लादकर
विस्मित कर डाले वह सबको !!
और कोई नहीं जो
आँख-भर देखे उसे
और आश्चर्य से भर जाए !

हो क्या गया है इस शहर को !

रेलवे प्लेटफॉर्म पर
बेचैनी से चहलकदमी करता सोचता है वह
कि किसी भी दिशा को जाने वाली
आए कोई भी गाड़ी
चढ़कर चला जाएगा वह
किसी और शहर को
इस तरह आते और इस तरह लौटते
किसी ने नहीं देखा होगा
इससे पहले कभी
बसन्त को।

●●●